NATAL, FÉRIAS

E OUTRAS HISTÓRIAS

ANA CARDOSO
PARTICIPAÇÕES ESPECIAIS
MARCOS PIANGERS, ANITA
E PAPAI NOEL

Belas Letras

© 2016 Ana Cardoso

Editor
Gustavo Guertler

Coordenação editorial
Fernanda Fedrizzi

Revisão
Germano Weirich

Capa e projeto gráfico
Celso Orlandin Jr.

Ilustrações
Carlinhos Muller

Dados Internacionais de Catalogação na Fonte (CIP)
Biblioteca Pública Municipal Dr. Demetrio Niederauer
Caxias do Sul, RS

C268   Cardoso, Ana
       Natal, férias e outras histórias / Ana Cardoso. Caxias do
    Sul, RS: Belas Letras, 2016.
       96 p., 21cm.

     ISBN: 978-85-8174-338-7

     1. Literatura brasileira - Crônicas. 2. Narrativa. I. Título.

16/86   CDU 821.134.3(81)-92

Catalogação elaborada por
Maria Nair Sodré Monteiro da Cruz CRB-10/904

Grafia atualizada segundo o Acordo Ortográfico da Língua Portuguesa de 1990, que entrou em vigor no Brasil em 2009.

IMPRESSO NO BRASIL

[2016]
Todos os direitos desta edição reservados à
EDITORA BELAS LETRAS LTDA.
Rua Coronel Camisão, 167
Cep: 95020-420 – Caxias do Sul – RS
Fone: (54) 3025.3888 – www.belasletras.com.br

SUMÁRIO

PRÓLOGO **8**

— CRÔNICAS —

AS ABELHAS NÃO GOSTAM DE CARAS MALVADOS **11**

O BOM DO NATAL **13**

FORA DE HORA **17**

UM NATAL CURITIBANO **20**

UM NATAL NO SENEGAL **24**

NATAL ESCRITO À MÃO **27**

A SINFONIA DAS TAÇAS **30**

NEM SÓ DE SORRISOS **32**

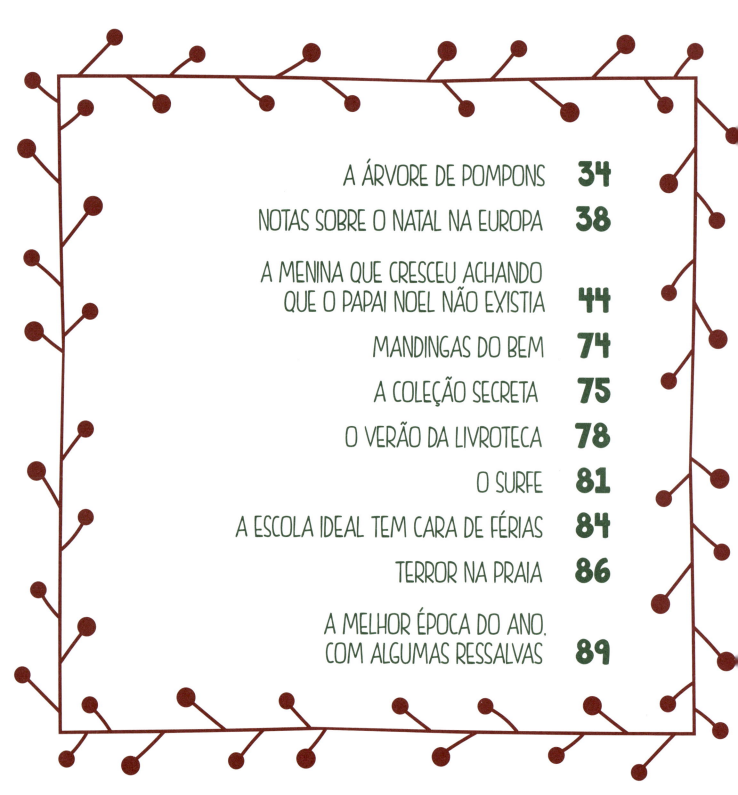

A ÁRVORE DE POMPONS	**34**
NOTAS SOBRE O NATAL NA EUROPA	**38**
A MENINA QUE CRESCEU ACHANDO QUE O PAPAI NOEL NÃO EXISTIA	**44**
MANDINGAS DO BEM	**74**
A COLEÇÃO SECRETA	**75**
O VERÃO DA LIVROTECA	**78**
O SURFE	**81**
A ESCOLA IDEAL TEM CARA DE FÉRIAS	**84**
TERROR NA PRAIA	**86**
A MELHOR ÉPOCA DO ANO, COM ALGUMAS RESSALVAS	**89**

RECEITAS

A MELHOR SALADA DO ANO	16
BISCOITO DE GENGIBRE DA ANITA	18
LENTILHAS DA SORTE	23
BOLO DE FIM DE ANO	26
MOUSSE DE MARACUJÁ (DA MINHA MÃE)	29
SORVETE DE PUDIM GELADO	36
PUDIM FLAMEJANTE (RECEITA INGLESA)	42

ENTREVISTA COM O PAPAI NOEL — 47

EPÍLOGO — 93

PRÓLOGO

O FIM DO ANO CHEGOU. Época de festas, férias escolares, dias mais longos, banho de mangueira. Um período especial que pode servir para nos aproximarmos mais dos nossos filhos, da nossa família e dos amigos. Mesmo quem não tira férias convive mais com os filhos, que se libertam das atividades e da rotina do ano escolar, e têm mais tempo para pular nas nossas camas.

Gostaria que cada verão fosse especial para minhas filhas, que elas lembrassem com carinho das férias na sua infância. Penso muito nisso, e mesmo sem ter a menor vocação para recreação infantil, procuro viver essa época com a alma mais leve e mais encantamento. Com mais tinta e menos eletrônicos.

Este livro é um apanhado de histórias que aconteceram no fim do ano. Misturo aqui minhas memórias de Natal, crônicas de família, algumas reflexões, causos que me contaram e a mais grata surpresa que tive. Eu conheci, em razão deste trabalho, o Papai Noel. Como não quis guardar para mim todos os segredos do bom velhinho, coloquei a entrevista no livro. É o meu presente de Natal para quem folhear estas páginas.

O Marcos também conta aqui algumas lembranças dele, a Anita colaborou com as receitas e a Aurora com a escolha das atividades do livro. Afinal, ela está sempre querendo "atividades", "teminhas" e "trabalhos".

Todo dia é dia de ser feliz, de ser uma pessoa melhor, de fazer o dia valer a pena. Sempre ensinamos para nossas filhas que não existe um pote de ouro no final do arco-íris, que o ouro está diluído em cada pequeno momento. Em cada música cantada junto, com letra inventada, no caminho pra escola. Em cada sopa maluca feita a quatro, seis, oito ou até mais mãos. Em uma massagem feita com gel de babosa depois de tomar um torrão no sol e num passeio de bicicleta.

ESPERAMOS QUE ESTE LIVRO TRAGA CONSIGO O GOSTO E A SIMPLICIDADE DE UM PICOLÉ DE LIMÃO BEM REFRESCANTE E QUE SEJA LIDO E CURTIDO EM FAMÍLIA.

ANA, MARCOS, ANITA E AURORA.

AS ABELHAS NÃO GOSTAM DE CARAS MALVADOS

MARCOS PIANGERS

MAIS DE UMA PESSOA já me disse que eu pareço com o Grinch, aquele personagem de desenho animado e filme que odeia o Natal. Minha cara de mau e barba desregrada me confere um ar de malvadeza. Ao ponto de alguns amigos me chamarem de Barba Sem Alma. O apelido só me deixava mais amargo. Eu achava que até tinha alma, mas ficar mostrando assim pras pessoas era sinal de fraqueza. Só existia um momento em que eu abria completamente a guarda e virava um doce: quando eu encontrava uma criança.

Assim foi por toda a minha adolescência, até eu conhecer a minha esposa, quando completei 23 anos. Ela parecia uma criança, demonstrando os sentimentos o tempo todo. Fazia careta quando ficava triste, tinha um sorriso enorme quando algo bom acontecia. Era como estar perto de uma criança sincera. Isso foi me transformando em um homem mais sensível. Um homem barbudo com cara de mau mais sensível.

Quando conheci a família da Ana, apesar dessa primeira impressão assustadora, acho que eles gostaram de mim e gostaram ainda mais quando nossa primeira filha nasceu dois anos depois. A Anita tem uma prima quase da mesma idade, filha do irmão da Ana. Quando as duas fizeram quatro anos, o presente mais pedido no Natal foi o mesmo: a primeira bicicleta.

O Papai Noel escolhido para a entrega, adivinhem, foi o único barbudo da família. Um barbudo com cara de mau. Avisei as crianças que precisava ir ao supermercado, saí pela porta principal e dei a volta até um quarto. Coloquei a roupa vermelha que era de um tio da Ana, certamente duas vezes mais gordo do que eu, enchi o saco de presentes com bugigangas e catei as duas bicicletas das Meninas Superpoderosas na garagem. Era a primeira vez que eu me vestiria de Papai Noel, eu treinava baixinho o que iria dizer, experimentava a risada clássica: *"Ho, ho, ho"*.

Toquei a campainha, suando embaixo daquela touca com algodão. A roupa grande demais. O saco cheio de bugiganga. As duas bicicletas, uma em cada mão. Quando eu olho pra cima, um ninho de abelhas está perto da campainha. Elas parecem ter odiado aquele barulho e a primeira coisa que viram foi este Papai Noel atrapalhado, com as mãos ocupadas. Foram todas pra cima de mim. Lembro de ser picado no rosto, no pescoço, na mão. As crianças vieram correndo felizes e gritando "Eeeeee", mas quando abriram a porta viram o Papai Noel jogado no chão, lutando contra abelhas, utilizando suas bicicletas como armas para se livrar das picadas. O Papai Noel gritava: *"Fechem a porta! Fechem a porta!"*.

Acabei me livrando das abelhas, correndo pra dentro da casa. Empurrei uma bicicleta pra cada prima, virei o saco no meio da sala, gritei "Feliz Natal" e corri pro banheiro tratar de tirar aquela roupa. As meninas ainda ficaram uns vinte minutos batendo na porta do banheiro e gritando "Papai Noel tá fazendo cocô!".

A história do Grinch conta que seu coração era pequeno e ele odiava o Natal. Quando roubou todos os presentes e pretendia destruí-los, seu coração cresceu três vezes e ele se tornou um personagem sensível. Meu coração cresce três vezes toda vez que encontro uma criança. Agora, minha cara de mau, essa cresce três vezes toda vez que encontro um enxame de abelhas.

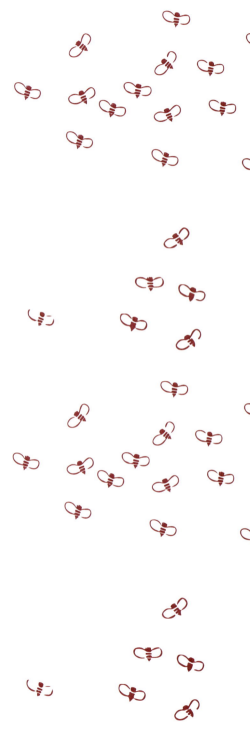

O BOM DO NATAL

NA TELEVISÃO E NO CINEMA, o Natal é a festa mais linda de todas. Comidas cheirosas e fumegantes, decoração impecável e pilhas de presentes embaixo de um pinheirinho maravilhoso.

Só eu nunca tive um Natal desses? Quando eu era criança, pensava que tudo aquilo que eu via na televisão era falso e exagerado. Porque os meus natais eram (e são ainda) bem mais simples.

O basicão era passarmos a data com meus avós maternos. Por causa da religião, não comiam porco, não bebiam álcool e eram contra festanças. Adivinha como eram os natais com eles? Zzzzzzz.

Eu precisava ainda torcer para não cair num sábado, porque nesse caso não poderia sequer assistir televisão. Para os adventistas do sétimo dia, guardar o sábado é assunto sério. Não importa quem tenha nascido ou ressuscitado no dia. Caiu num sábado, já era.

Às vezes a gente ficava no nosso apartamento no centro de Curitiba vendo os fogos na janela. Minha mãe assava uma ave e comprava frutas gostosas, e preciso admitir que o que mais importava pra mim era o presente. Um só, geralmente. Às vezes, os três irmãos se juntavam e pediam um presente coletivo, como foi o caso daquele aparelho de som portátil do Technotronic cinza, repleto de botões amarelos e cor-de-rosa.

A família do meu pai era bem mais festeira. Eu adorava quando eles se empolgavam de botar os três pestinhas – sendo eu a pestinha do meio – naquela Belina azul-metálico sem cinto de segurança e pegavam a estrada para o interior do Paraná.

Em Palmas, tudo girava em torno do amigo secreto, informado a nós um mês antes por uma prima que conseguia segurar a língua e não contar pro resto dos parentes quem a parte curitibana da família tinha sorteado na brincadeira.

Palmas fica num planalto no sudoeste do estado, a uns 600 quilômetros de Curitiba. Meu pai era do tipo que parava toda hora pras crianças correrem um pouco, comerem milho cozido e fazerem xixi. Então a viagem durava um dia inteirinho. A gente ia cantando e brigando no carro. Eu gostava quando chegava numa parte da estrada cheia de recantos, aqueles miniparquinhos com bebedouros e santos incrustados nas paredes, que meu pai chamava de "ecótone".

O "ecótone", segundo ele, era quando a gente deixava a região de araucárias, que integrava a Mata Atlântica, e entrava na região dos campos, com uma vegetação bem seca e rasteira. Esse lance do "ecótone" nunca caiu em nenhum vestibular, o que é uma pena, porque eu realmente entendia a transição geomorfológica.

Quando chegávamos, o primeiro evento sempre era um churrasco no Clube da Justiça, uma sede campestre bem gelada no meio dos campos. Eu passava o dia inteiro parodiando a vinheta dos Superamigos. A vinheta original era "enquanto isso na sala da justiça", mas eu falava "enquanto isso no Clube da Justiça".

No dia 24 à noite, a gente se arrumava e ia pra casa do tio Lôlo, o irmão mais velho do meu pai que era a cara do Chico Buarque. Lá, quase 30 primos reunidos e alvoroço em torno do amigo secreto garantiam a diversão. A noite ia longe. Minhas tias mais religiosas acompanhavam emocionadas a missa do galo da tevê.

As primas adolescentes só queriam ficar na janela vendo seus paquerinhas passarem de carro. Eu gostava de tudo, do zum-zum-zum, do presente – que geralmente era um pijama – e dos fogos de artifício que meus primos queimavam na janela. Teve um ano que um fogo estourou na mão de um dos primos mais velhos. Foi bem chato, metade da família foi atrás do médico, acabando assim com os ensejos festivos do dr. José Maria. O resto da família ficou em casa, apreensivo, na festa que não era mais festa.

No dia 25, havia sempre outro churrasco no sítio do mesmo tio Lôlo. Tenho algumas fotos dessa época. Era muito divertido. Pena que meu pai não se empolgava muito de ir todo ano. Talvez, se fôssemos sempre, a graça se dissipasse um pouco.

Naquele tempo não eram comuns as listas de presentes e ninguém tinha obrigação de virar um Papai Noel em dezembro. O bom mesmo era encontrar os primos, viajar com a família e comer umas frutas gostosas. Isso, o amor pelo simples, felizmente não mudou nada em todos esse anos. Ainda bem. E viva o Natal.

RECEITA

A MELHOR SALADA DO ANO
ELOISA PIANGERS

INGREDIENTES

- 100G DE GRÃO DE BICO
- 100G DE FEIJÃO BRANCO
- 100G DE CEVADINHA
- 100G DE ERVILHAS
- 100G DE CASTANHA-DO-PARÁ
- 100G DE CASTANHA-DE-CAJU
- 50G DE VAGEM PICADA
- 50G DE CENOURA PICADA
- TIRAS DE PIMENTÕES COLORIDOS
- UMA MAÇÃ VERDE EM CUBOS PEQUENOS
- UMA XÍCARA DE UVAS GRANDES CORTADAS AO MEIO

MOLHO

Ervas frescas: hortelã, manjericão, alecrim, manjerona. Coentro é opcional.

Um pote de iogurte natural sem açúcar

Polpa de 3 maracujás

Uma colher de sobremesa de mel

Uma colher de mostarda Dijon

Uma colher de aceto balsâmico

Uma colher de azeite de oliva

Uma pitada de sal e uma pitada de pimenta-do-reino

MODO DE PREPARO

Cozinhe os grãos e deixe esfriar. Em seguida, prepare o molho.

Misture todos os ingredientes e sirva em seguida.

Fora de hora

OS AUSTRALIANOS GOSTAM TANTO, mas tanto do Natal, que não é de estranhar quando, em pleno julho, as vitrines de Sydney se forram de vermelho e dourado. Frustrados por estarem abaixo do Equador e celebrarem o nascimento de Jesus Cristo no verão, eles encontraram uma solução: comemorar também em julho, quando está frio e o Papai Noel não gruda na roupa de tanto suor.

Houve um tempo em que meus amigos de Florianópolis comiam carne. Hoje são todos yogins e só falam em kombucha e prana. Pra quem não sabe: 1) uma bebida feita à base de algas que limpa o organismo; e 2) a energia vital contida no ar que respiramos.

Naquela época, por mais de uma vez, nos reunimos no meio do ano - sem presentes nem decoração - para assar uma ave de grande porte, cozinhar arroz e legumes, sobremesas de festa e comer muitas frutas e castanhas. Eu sempre fui a mais bebum da turma, então levava os gorós. Ouso dizer que era mais legal que a versão original, aquela de dezembro que conhecemos bem.

Depois que minhas filhas nasceram, nunca pensei em fazer isso. Acho que daria um nó na cabeça delas. Sempre me lembro de uma vizinha que tive no meu primeiro ano vivendo em Porto Alegre. Em tese, Branca era da mesma idade da Anita, pois nasceu no mesmo ano. Na prática, ela tinha 57 anos (e não 2-3). Gostava tanto de aniversários que seus pais e sua babá celebravam sua existência com bolo e balões praticamente todos os dias.

RECEITA

BISCOITO DE GENGIBRE DA ANITA
(O MAIS IMPORTANTE É A FORMA DE BONEQUINHO)

 100g de manteiga

1 xícara (chá) de açúcar mascavo

4 colheres (sopa) de mel

 2 xícaras (chá) de farinha de trigo

2 colheres (chá) de gengibre em pó

1 colher (chá) de bicarbonato de sódio

 1 ovo batido

manteiga e farinha de trigo para untar e enfarinhar

MODO DE PREPARO

1. Numa panela, junte a manteiga, o açúcar mascavo, o mel e leve ao fogo baixo. Mexa com uma colher até obter uma calda.

2. Numa tigela, peneire a farinha de trigo, o gengibre e o bicarbonato. Misture bem com uma colher e acrescente a calda derretida e o ovo batido. Mexa até obter uma massa uniforme.

3. Embrulhe a massa em filme. Não se preocupe com a consistência, pois no princípio a massa fica muito mole. Leve à geladeira por no mínimo 12 horas.

4. Preaqueça o forno a 180°C (temperatura média).

5. Em uma superfície enfarinhada, abra a massa com um rolo até que fique com 0,5 cm de espessura. Corte a massa com cortadores de formatos variados. Se preferir, use a boca de um copo para fazer biscoitos redondos.

6. Unte duas ou mais assadeiras grandes com manteiga e polvilhe com farinha. Distribua os biscoitos nas assadeiras, deixando uma margem de 2 cm entre eles. Leve ao forno preaquecido e deixe assar por 10 minutos.

7. Retire do forno e deixe esfriar. Quando os biscoitos ficarem firmes, retire-os com a ajuda de uma espátula. Se quiser, enfeite os biscoitos com glacê. Conserve num recipiente fechado, em local seco e arejado.

UM NATAL CURITIBANO

ERA MEU PRIMEIRO NATAL COM O MARCOS. O namoro tinha um semestre. Desde novembro ele pouco ia para a casa da sua mãe. Não sabia mais de quem eram as meias e as escovas de dentes. No outro quarto do apartamento, uma arara com suas roupas pregada na parede mostrava que viera para ficar.

Com o passar do tempo alguns casais vão se tornando pessoas estranhamente parecidas. A gente não tinha esse volume de convivência em dezembro de 2003. As afinidades, naquele começo de namoro, no entanto, eram muitas, principalmente porque a gente ainda não tinha brigado nenhuma vez. Ou seja, a convivência era tão incrível que eu não cogitei em momento algum não passar o Natal com ele.

Além disso, o convívio com a sogra era muito incipiente e insuficiente para me prender a Floripa, e a minha família me aguardava ansiosa. Há cinco anos eu havia saído de casa, retornando sempre no final de dezembro para passar o ano-novo com eles. Esse ano seria diferente, havia mais gente na jogada, seríamos dois. Eu e o namorado, que já tinha conhecido e encantado a todos na minha família. Minha sogra, que na época era apenas a mãe do Marcos, tinha outros quinhentos mil planos. Ela sempre tem. É muito popular entre seus grupos de amigos. A irmã mais nova também estava em outro momento.

Pra minha surpresa descobri que os Piangers eram ainda menos litúrgicos que os Cardoso quando o assunto era Natal. Assim, não foi difícil convencer o Marcos a subir a serra pra encarar uma ceia com "os meus". Eu finalmente tinha encontrado uma família menos natalina que a minha. Por mais sem graça que fosse a noite lá em casa, ao menos teria mais gente, mais barulho e mais descendentes de italianos rindo alto e brigando.

Enchemos o Gol branco de presentes para ganhar a simpatia de todos e fomos para Curitiba. Naquele ano a festa seria na casa do sogro do meu irmão, o que me pareceu uma ótima ideia, tendo em vista que eles são muito mais festeiros. Eu queria impressionar o Marcos, queria que ele pensasse que tudo relacionado à mim, a minha cidade e ao meu povo era legal.

A família da minha cunhada é de músicos. Eles não trabalham com isso, mas todos tocam violino, cantam e dançam. Até os pinheiros do jardim estavam decorados, havia doces e uma árvore repleta de presentes. Até meu pai, mesmo com depressão, botou-se numa roupa nova para ir comer um peru assado, não sem questionar o desperdício de energia elétrica gerado por tantas luzes ligadas. A gente queria tanto que ele deixasse suas críticas em casa, mas o velhinho não aceitou.

Na sala de visitas, um presépio quase em tamanho real. A vitrola no canto tocava clássicas como *Então é Natal* (quem aguenta ainda essa música?), um disco em inglês com John Lennon e Yoko Ono entoando *A Very Merry Xmas*, além das gravações da própria família produzidas num estúdio da capital.

Na hora do brinde, uma surpresa. O primeiro espumante estava guardado há tanto tempo que estragara. E eu que achava que as bebidas fermentadas podiam ser guardadas por mais de cinquenta anos. Um cheiro estranho no ar. Alguém tinha soltado um pum? Na dúvida, decidimos olhar o rótulo. A bebida era mesmo de 1986, a última passagem do cometa Halley pela nossa galáxia. Caramba, como conseguiram guardar a garrafa por tanto tempo? Conseguir, não conseguiram na verdade, porque ela estragou completamente.

A comida estava boa. O tradicional cardápio de excessos e gordices. Havia bastante cerveja e isso aplacou o mal-estar causado pelo espumante em putrefação. Eu havia escolhido uma camisa preta, com os ombros de fora, e levara um casaquinho por precaução. Nunca na vida havia passado frio no Brasil no final do ano. O Brasil está situado no hemisfério Sul. Logo, quando neva e faz frio lá em cima do Globo, e no Natal costuma nevar muito, no nosso país as temperaturas oscilam entre quente e insuportavelmente quente.

Aos poucos, o papo foi ficando sem graça, a música baixando e até as pessoas começaram a se encolher. Casais se abraçavam e não era por romantismo. Curitiba, essa cidade travessa, havia nos pregado uma peça. A noite se tornara gelada. Os convidados fungavam, tossiam e finalmente entenderam algo que os termômetros souberam antes do que todo mundo: antes mesmo da meia-noite, fazia 4°C naquela cidade sem misericórdia.

Nem ficamos para a sobremesa, achamos por bem voltar para casa e nos enfiarmos logo embaixo de um cobertor. Saímos daquela noite sem presentes e com a promessa de uma pneumonia.

Lentilhas da Sorte

(SE DÃO SORTE, NÃO SEI. MAS SÃO UMA DELÍCIA. COMPRE OS INGREDIENTES ANTES DE OS PREÇOS SUBIREM. RECEITA DA MINHA INSTRUTORA DE YÔGA)

INGREDIENTES

1 xícara de lentilha
2 xícaras de água
1 lata de tomate pelado ou 1 xícara de molho de tomate caseiro

MODO DE PREPARO

Tempere com sal e páprica picante e deixe cozinhar tudo junto. Quando a lentilha estiver cozida e o caldo já estiver grosso, jogue uns cubos de queijo provolone defumado.
Dá pra fazer essa mesma receita, porém acrescentar legumes. Sugiro cebola roxa, alho, cenoura, batata e abobrinha. Refogue, ferva um pouco, acrescente os demais ingredientes (lentilha, água, molho de tomate ou tomates pelados), temperos e, por último, o queijo ou tofu.

UM NATAL NO SENEGAL

QUEM ME CONTOU ESSA HISTÓRIA foi meu professor de francês. Espero que vocês gostem tanto quanto eu.

Papa Sourang é negro, como todos na escola e na cidade. Alto, magro e com a pele preta de verdade. Seus trajes, no entanto, são ocidentais. Calça e camisa ampla vermelha com bordas brancas, um largo cinto preto, gorro e barba falsa, branca como a neve. Ele é o Papai Noel mais esperado pelas crianças. No final do ano letivo visita as escolas de seu bairro repleto de envelopes. É o oficial.

Todas as crianças ganham presentes no final do ano. Jogos, triciclos, bolas e outros mimos. Para isso basta serem bons filhos, não brigarem muito, comerem toda a comida e fazerem as orações nas horas certas. Quem entrega esses presentes são os outros papais noéis, aqueles mais comuns, com barbas malcuidadas e sem os envelopes, não o Papa Sourang.

Há muitas escolas no Senegal. As crianças aprendem religião e artes a partir dos quatro anos. Com sete anos começam as disciplinas mais complexas, como as línguas francesa e inglesa, e as ciências todas. Nenhuma criança quer ir mal na escola. Ser bom aluno, além de agradar os adultos em geral, tem um significado muito especial.

Moustapha, Babacar e Fátima esperam ansiosos o Papai Noel. Estudaram muito este ano. Quando Papa Sourang chega na escola deles, com o saco repleto de doces e lembranças, cruzam os dedos e oram com fervor. O que está feito, está feito. Sabem que não existe milagre de última hora. Todo ano é a mesma coisa. A pontinha da folha branca, dobrada, saindo pelo bolso, antecipa uma certeza: temos uma lista, temos vencedores.

O menino Moustapha fez todas as tarefas de casa e ganhou uma medalha de melhor aluno em inglês - The Best English Student. É um forte candidato. Babacar foi finalista na olimpíada africana de matemática e Fátima, ah, Fátima, tem a melhor média de notas de toda a escola. Juntos, formam um trio de alunos estudiosos e dedicados. Isso certamente não passou despercebido ao Papai Noel.

Alunos em fila, o diretor da escola pede silêncio. Vai ser feito o anúncio. Primeiro, as turmas mais iniciais. Como são barulhentas essas crianças, pensa irritado o ansioso Moustapha. Fátima segue rezando. Ouvem-se choros e resmungos. Pré-escola, séries iniciais, ensino fundamental. Três alunos premiados por turma. Três alunos que voltam para casa com um envelope e um cheque na mão. Dinheiro suficiente para comprar muitos brinquedos, para viajar ou comprar picolés as férias todas.

Babacar e Fátima estão com 18 anos, Moustapha tem 17, está um pouco adiantado. Este é o seu último ano na escola. A espera chega ao fim com a confirmação – todos os três são chamados e aplaudidos. Ganham abraços e envelopes do bom velhinho. Ninguém nota a lágrima que escorre discreta do olho de Papa Sourang. Bons meninos, aqueles.

No próximo ano irão para a faculdade, estudarão um ofício e não receberão mais a visita do Papai Noel. Daqui para frente precisarão de mais do que boas notas para ganhar um troco no final do ano.

RECEITA

Bolo de fim de ano

INGREDIENTES

6 bananas picadas

1 xícara e meia de açúcar

1 xícara de óleo

5 ovos

1 colher de sopa de canela em pó e de fermento

1 pitada de sal

3 xícaras de farinha de rosca

MODO DE PREPARO

Misturar todos os ingredientes acima. Despejar em forma untada e assar.

OBSERVAÇÕES: As bananas podem ser substituídas por 3 maçãs grandes. Pode-se acrescentar 1 xícara de passas, nozes e castanhas-do-pará picadas.

Fica delicioso salpicar sobre a massa, antes de assar, castanhas raladas e/ou gergelim.

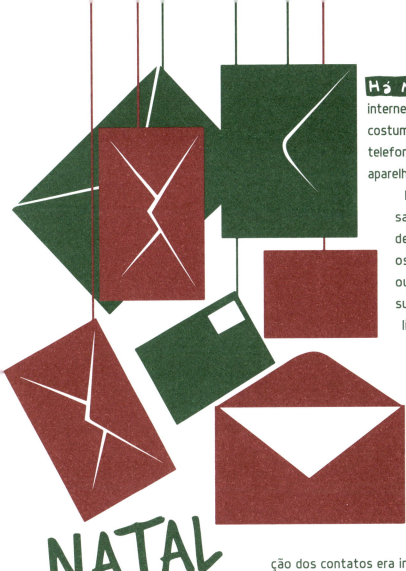

NATAL ESCRITO À MÃO

HÁ MUITOS E MUITOS ANOS não havia internet e tampouco telefones celulares. As pessoas costumavam discar umas para as outras e falar ao telefone. Os mais ricos ou mais moderninhos possuíam aparelhos com botões, sem fio e com muito chiado.

Nesse tempo, quando as crianças só precisavam escovar os dentes uma vez por dia e decorar as tabuadas do 1, do 2, do 3 e do 5, os preparativos para o Natal começavam já em outubro. Não existia forma mais fascinante de surpreender um amigo do que enviar-lhe um belíssimo cartão pelos Correios. E isso dava muito trabalho.

A cada ano, as famílias, muito antes de montar seus pinheirinhos, abriam uma caixa mágica e de lá tiravam toda a correspondência natalina da última década. Perdia-se tempo com cada envelope. Era preciso abrir, reler, discutir o ano daquela pessoa, daquela família. Será que tinham se mudado? Por que nos vimos tão pouco? Quem diria... A tarde reservada à atualização dos contatos era inevitavelmente nostálgica e especulativa.

Se é verdade que as orelhas esquentam quando falamos das pessoas, essa época era responsável pelo aumento vertiginoso das orelhas vermelhas nos escritórios, pontos de ônibus e consultórios médicos. Seguia-se a esse dia uma sucessão de telefonemas para reunir os endereços daqueles que haviam se mudado.

A próxima fase era escolher os cartões. Eram tão lindos e tão diversos que dificilmente recebia-se um repetido, por mais popular e querida que uma família ou pessoa fosse. As papelarias, bancas, livrarias e os próprios Correios investiam pesado na diversidade.

Depois da compra, vinha a redação. Os preguiçosos escreviam laconicamente Feliz Natal e Próspero Ano Novo. Sucinto e impessoal, mas repleto de bons votos. Se essa simplória mensagem viesse num cartão espetacular e maravilhoso, ninguém se importava. A letra bonita também contava pontos.

Algumas pessoas exageravam na religiosidade, o que era desagradável, pois para mensagens cristãs a Bíblia Sagrada sempre foi mais eficiente. Outros deixavam aflorar uma veia poética e criavam seus versos. Havia, é importante ressaltar, muito amor e boas intenções nesses cartões, que, quando entregues, enfeitavam pinheiros, portas, salas e até paredes, colados com durex. Quanto mais, melhor.

No final das contas, sentava-se para observar o conjunto dos cartões. Além de enfeitar, eles mostravam, de certa forma, a popularidade das pessoas da casa durante aquele ano. Se a quantidade de cartões diminuísse muito, era fato que algo muito estranho havia acontecido. Se, ao contrário, houvesse mais cartões, muitos mais do que no ano anterior, "estamos no caminho certo".

Após a virada do ano, quando os retardatários chegavam, antes de guardar tudo, era preciso definir os vencedores da competição. O mais belo, o primeiro a chegar, o mais brilhante, a mensagem mais incrível.

Hoje, estamos aí... nem e-mail mais as pessoas escrevem. Nas redes sociais, uma imagem vale mais que mil palavras; compartilhar uma postagem é o auge da consideração pelo outro. Eu consigo dizer qualquer coisa com emojis. Talvez não exista, no mundo atual, segredo mais bem guardado que a letra corrida de uma pessoa.

Feliz Natal pra vocês e que o próximo ano seja o melhor das suas vidas (até agora).

Mousse de maracujá da minha mãe

(A RECEITA VINHA NA LATA DE LEITE CONDENSADO. FIZ MUITO ESSA MOUSSE)

INGREDIENTES

3 maracujás batidos (com água) e peneirados
1 caixa de leite condensado
1 caixa de creme de leite
1 pacote de gelatina sem sabor em folha

MODO DE PREPARO

Dissolver a gelatina, misturar tudo e bater no liquidificador. Colocar na geladeira por algumas horas. Decorar com folhas de hortelã.

A sinfonia das taças

O VELHO HUGO PIANGERS, avô do meu marido, fazia sempre seu truque particular nas noites de Natal. Mesmo sem beber há anos, ele enchia uma taça, daquelas antigas, triangulares, de espumante, e tocava uma música no jardim. Na taça.

Movia os dedos, retorcidos pela artrite, na parte alta da taça e extraía dali uma melodia. A gente olhava com olhos de primeira vez, repletos de espanto e admiração. Este era o grande presente para o velhinho, a nossa surpresa. Os presentes, aqueles embrulhados em papel, não enxergava direito, deixava num canto do quarto e lá esquecia. Na comida, só dava uma bicadinha. Era um velhinho de hábitos modestos.

Comprava na segunda-feira um saco com quatorze cacetinhos que duravam a sema-

na toda. Comia dois por dia, um no café da manhã, outro no da tarde. Um com geleia de figo, outro com margarina. Acreditava que as pessoas têm uma cota de comida na vida, quanto antes comessem o montante, antes partiriam. Ele não tinha pressa de ir embora. Comia bem pouquinho mesmo.

Foram muitos os natais que passamos com ele em Novo Hamburgo, antes da sua morte, em 2012. O vô Hugo nunca me comprou um regalo, mas tudo que ele pôde me dar, deu. Tenho em minha casa vários utensílios domésticos consertados com durepoxi e toalhinhas de crochê "espichadas", como ele dizia, pela finada Elsa, presentes dele. Estava sempre me oferecendo as relíquias da casa. Nada o deixava mais feliz do que me ver encher o carro de laranjas "imbigo" antes de voltar a Porto Alegre nas tardes de domingo. Era generoso, ao seu modo.

Os natais eram quentes. Não de afeto, de temperatura ambiente mesmo. Muitas vezes eu e o Marcos aproveitamos a presença da mãe dele para deixar a Anita com ela e ir ao cinema, o único lugar com temperatura agradável da região do Vale do Rio dos Sinos. A gente assistia três filmes, um atrás do outro, para então voltar pra casa, entrar na piscina de plástico com água morna e desmaiar com o calor.

Minha sogra sempre caprichou nas saladas, mas a estrela da ceia dos Piangers era mesmo o sorvete de pudim da tia Eliane, servido bem gelado, próximo da meia-noite, ao som de Noite Feliz executado pelo instrumentista solo Hugo Piangers.

NEM SÓ DE SORRISOS

NEM TODO MUNDO CONSEGUE VIVER FELIZ. Porém, há pessoas que se negam a admitir que não estão bem. Até pra si mesmas. Levantam a cabeça, dizem que está tudo bem. Sempre. Vemos pencas de pessoas assim pelas ruas. Nos comportamos assim boa parte do tempo. E isso é bem melhor do que entrar numa portinha escrito "Depressão", sentar no sofá e lá ficar assistindo Netflix até o infinito.

Diferente da melancolia, a depressão torna as pessoas apáticas. As coloca num estado que não é socialmente aceito ou bem visto. Dentro dessa lógica, admitir-se deprimido chega a ser um ato de pequena rebeldia. É como dizer: não, eu não estou feliz e se isso te incomoda o problema é teu. Essa é a única beleza da depressão. A única gerência.

Quando chega o fim do ano as pessoas tristes ficam ainda mais tristes porque lembram de épocas em que eram mais felizes, sentiam-se vivas e amadas. A maioria dos relatos de pessoas idosas sobre a maior felicidade remete-se ao tempo em que os filhos eram pequenos.

No entanto, em dias atuais, testemunhamos crianças, jovens e adultos com filhos pequenos muitas vezes cabisbaixos e tristes. Será a culpa da crise? Mas como explicar o vazio existencial evidente no olhar mesmo daqueles que se beneficiam da crise e não têm problemas com suas finanças?

Quem pode ser mais triste que aquele senhor de barba escura que cata bitucas de cigarro na rua paralela à minha e usa um cadarço de tênis como cinto na calça?

Conta-se pelo bairro que a mulher o deixou porque ele bebia demais. Segue bebendo, sou testemunha. Será que os filhos o espiam pelas ruas, como a gente vê nos filmes? Será que a mulher está bem? Torço para que não tenha encontrado outro marido beberrão.

A árvore de pompons

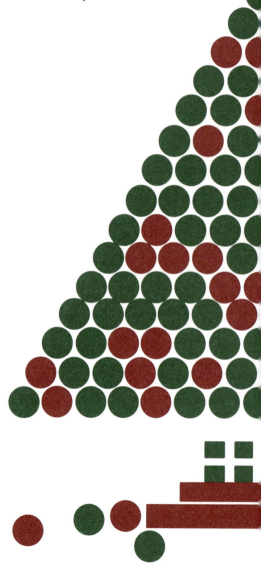

OS GREGOS ACREDITAVAM NA TRÍADE da perfeição: o bom, o belo e o verdadeiro. Uma ideia, um objeto, um local, uma instituição (como a Academia de Platão ou uma empresa) deveria se guiar por esses valores. Na casa dos meus pais, no entanto, o que imperava era um pensamento mais pragmático. Pra que serve isso? Vale a pena? O utilitarismo sempre esteve em alta nos diálogos com a minha mãe. Quando contei a ela - e pedi sua ajuda - naquele Natal de 2013, para fazer uma árvore de Natal todinha de pompons de lã, sua atitude não poderia ser outra: *Pra quê? Que desperdício de lã! Não conte comigo nessa. Pensa bem, Ana, você vai perder um tempão e jogar dinheiro fora! Pra quê (de novo)?*

Tarde demais, eu já estava completamente apaixonada pela ideia. Sempre gostei de pompons. Eles são fofos, lindos, redondinhos, uma perfeição. Naquele Natal, decidi que minha árvore magricela, com poucos galhos, teria um ano de fartura. Eu a cobriria com tantas bolinhas de lã que ela ficaria bem fornida. Pela primeira vez em sua vida, desde que foi comprada numa promoção numa loja de departamento daquelas que vendem comidas vencidas e eletrodomésticos em tantas vezes e com tantos juros que quando você termina de pagar eles já foram pra manutenção e custam um quinto do que pagamos por eles, minha árvore seria motivo de orgulho.

Se não pude contar com a minha mãe, a Anita, em compensação, abraçou a ideia com entusiasmo. Passamos dias pesquisando referências no *Pinterest* e em tutoriais na internet. Compramos sacos e sacos

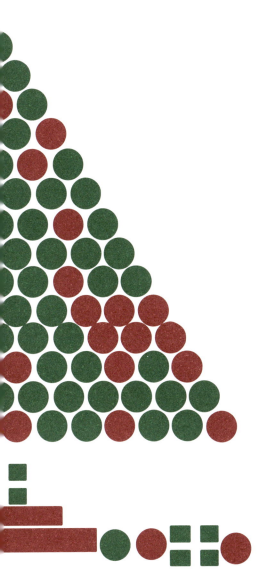

de lã, equipamentos para fazer pompons bem redondos e começamos nossa "obra".

Cada minuto livre, lá estava eu tecendo com minhas metas - a cada sentada no sofá, tinha que fazer de 3 a 5 pompons. Por dia, de 15 a 20. A Anita, em função da pouca idade – estava com oito anos –, fazia de 9 a 12 por dia. Nem a faxineira escapou: Beth, tá de bobs[1]? Vem aqui dar uma ajuda pra nós! A casa toda estava cheia de fiapo de lã. A Aurora era pequena e não entendia nada, só que não podia babar nos nossos pompons nem derrubar a árvore. Como a gente estava sempre com as mãos ocupadas, passávamos o dia gritando: *Não, Aurora, aí NÃO! Sai de perto da árvore.*

Em meados de dezembro, eu deveria estar com uma produção de em torno de 300 pompons quando parei. Tinha lã para fazer mais, mas a árvore já estava lotada. A cor predominante era o verde-bandeira, mas havia outros verdes também para dar uma ideia de movimento, alguns contrastes. Eu estava realmente encantada. As bolas verdes pareciam os galhos menores de araucária[2], minha árvore preferida da vida. Para os enfeites - as bolinhas de outra cor - escolhemos vermelho-escuro, branco, lilás e um azul lindo, entre o Klein e o jeans. Sem falsa modéstia, ficou maravilhosa.

Naquele Natal deixei guardados uns sinos dourados com minimações (presente da sogra), o jogo de bonequinhos alemães de madeira (presente do finado Hugo Piangers) e as muitas luzinhas de Natal. Um ano antes desse dos pompons, tive um surto *iluminista* e comprei metros e metros de lâmpadas de Natal, a ponto de comprometer a conta de luz, mas isso é outra história.

---

1 Gíria para a expressão: Está de bobeira?
2 Cresci em Curitiba-PR, catando pinhão, esperando março chegar e com ele a queda das primeiras pinhas. A cidade, ainda hoje, é repleta de araucárias. Eu acho lindo, mas entendo que é um perigo ter tantas árvores tão grandes no meio da civilização. Todo mundo conhece alguém que conhece alguém que morreu de galho de araucária caído na cabeça (ou no carro).

SORVETE DE PUDIM GELADO

(A GRANDE ESTRELA NA CEIA DOS PIANGERS. RECEITA DE ELIANE PIANGERS)

INGREDIENTES

1 lata de leite condensado
1 lata de leite
4 gemas
4 claras em neve
1 colher de sopa de maisena

MODO DE PREPARO

Faça um creme com os ingredientes. Acrescente as claras em neve depois do creme pronto.

(ALDA DE CARAMELO COM CHOCOLATE

INGREDIENTES

3/4 de xícara de açúcar
3 colheres de sopa de água
3 colheres de chocolate em pó

MODO DE PREPARO

Faça a calda numa panela. Assim que o açúcar estiver em forma de calda, acrescente o chocolate. Espalhe numa forma de furo no meio e coloque o creme dentro. Leve para o freezer. Para desenformar: tire do freezer, aguarde cinco minutos e passe a faca ao redor da forma. Vire sobre um prato e sirva.

NOTAS SOBRE O NATAL NA EUROPA

NATAL NO BRASIL TEM CHEIRO

de pera e manga. É quente e acolhedor. Festa com barulho, comilança, tevê ligada, amigo secreto, um tio bêbado, um adolescente revoltado fechado no quarto, uma tia quituteira só esperando os elogios pela ceia, risadas e uma pitada de arranca-rabo. O Natal.br é ou não é assim?

Uma das minhas melhores amigas desde o tempo da faculdade de Jornalismo vive na Europa há mais de dez anos, ora em Londres, ora em Luxemburgo. Ela me contou que as tradições por lá são bizarramente (isso mesmo) diferentes. Em uma divertida conversa por WhatsApp, me falou sobre os assuntos abaixo:

A diferença começa na ambientação. O cheiro de uvas--passas, gengibre, canela, baunilha e madeira no ar. Nas ruas, nas lojas, nas rádios, só música natalina[3]. Isso transporta as pessoas para o universo mágico do Natal, querendo elas ou não.

---

3 Melhores músicas (na opinião da minha amiga Daniela Cedola): 1) Jingle Bells - várias versões, inclusive Sex Pistols; 2) Last Christmas - Wham! 3) Santa Claus is Coming to Town - mais legal nas versões jazz; 4) Driving Home for Xmas - Chris Rea; 5) All I Want for Xmas is You - Mariah Carey; 6) Do They Know it is Xmas - Band aid; 7) Silent Night (Noite Feliz); 8) Jingle Bell Rock - versão Glee; 9) We Wish You a Merry Christmas; 10) Let it Snow! - Dean Martin.

Muito das atrações gira em torno do comércio. Os mercados natalinos estão por toda parte. Na Alemanha, o país que concebeu essa cultura de Natal, há feiras com presentes, pistas de patinação no gelo, muita música, batatas, linguiças, vinho quente e cerveja em vários lugares nas cidades.

Dia 24 começam as liquidações, mas no dia 26 (Boxing Day), o dia oficial de troca de presentes, as lojas ficam a mil. E os descontos são muito grandes, de verdade. Pessoas que gostam de comprar vão à loucura. Pessoas que já estão com suas casas abarrotadas de presentes possivelmente evitem sair de casa nesse dia. Até aí, temos algo levemente semelhante por aqui.

Na Inglaterra, o dia 24 de dezembro, a véspera, é um dia qualquer. Na televisão, notícias normais, nem se fala em Natal. O lance mesmo é o dia 25 de dezembro. Algumas festas envolvem só o pequeno núcleo familiar, pai, mãe e filhos. Na mesa não podem faltar os Xmas[4] Crackers, que parecem bombons gigantes de papel. Para abri-los, duas pessoas puxam as extremidades. Faz um *crack* quando abre, daí o nome. Dentro deles, pequenos presentes como apitos, dominós de papel, anéis de plástico, uma coroa de papel para colocar na cabeça e um papelzinho com uma piada e um desafio a ser perguntado para outra pessoa da mesa. Minha amiga é categórica: *Não existe Natal sem Xmas Cracker*. E eles são vendidos em toda parte.

---
4 Xmas é a abreviatura para Christmas.

Uma sobremesa muito interessante, cuja receita você encontra neste livro, é o Pudim de Natal. Sua "confecção" começa em outubro. Feito com tâmaras e uvas-passas, ele é regado constantemente com whisky ou brandy, até ir pra mesa no dia D. Antes de comê-lo, é preciso acender uma chama que vai eliminar parte do álcool da iguaria. Deve ser comido com creme de leite. E evitado por pessoas que estão em tratamento nos Alcoólicos Anônimos e pelas crianças.

Algumas tradições europeias são bem assustadoras. Na Itália, uma bruxa, a Befana, vestida de preto com um xale nas costas, aparece nas casas no dia 6 de janeiro, dia dos Reis Magos, para dar caramelos ou pedaços de carvão para as crianças que não se comportaram. "*É assustador, várias crianças ganham carvão*", conta surpresa minha amiga brasileira. "*E as crianças ainda têm que deixar agrados pra velhinha, como uma garrafa de vinho e um doce típico*", complementa. Sabe que achei interessante? Estou tirando minha cidadania italiana, quem sabe, daqui a muitos anos, eu não faço uns bicos de Befana na Itália? Gostei da ideia.

Clima sombrio, o passado de guerras, invernos longos, falta de comida. A história da Europa está presente nas liturgias natalinas. Conta-se hoje que, na época das guerras, as pessoas, às vezes, ganhavam só uma laranja de Natal. E era a única fruta que elas comiam no inverno todo. Assim sendo, os seres natalinos não eram só sorrisos, tinha sofrimento no saco do Papai Noel.

O Papai Noel lá fica numa gruta escura, com seus ajudantes. Um pouco diferente do trono do seu equivalente brasileiro. Se aqui temos as noeletes sorridentes e prestativas, lá o padrão dos ajudantes é outro: elmos e duendes muitas vezes aterrorizantes. Há que se admitir que o Papai Noel da gruta pelo menos está vestido de acordo com o clima. Os brasileiros sofrem com a roupa inadequada.

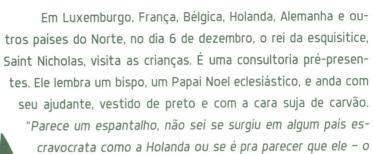

Em Luxemburgo, França, Bélgica, Holanda, Alemanha e outros países do Norte, no dia 6 de dezembro, o rei da esquisitice, Saint Nicholas, visita as crianças. É uma consultoria pré-presentes. Ele lembra um bispo, um Papai Noel eclesiástico, e anda com seu ajudante, vestido de preto e com a cara suja de carvão. *"Parece um espantalho, não sei se surgiu em algum país escravocrata como a Holanda ou se é pra parecer que ele – o Ruprecht – mora no inferno ou na chaminé"*. Esse ajudante pega no colo as crianças que não foram boazinhas. *"É uma histeria coletiva"*, explica-me a Dani.

Menos assustadora, mas igualmente estranha é a tradição catalã do Caga tio. No dia 8 de dezembro, ele chega nas casas. Ele, em questão, é um tronquinho de madeira com uma cara pintada em uma das pontas. As crianças devem cuidar, conversar, "alimentar" e mantê-lo aquecido com um cobertor. Assim, ele vai aumentando de tamanho até o Natal. Para que cresça, os pais precisam trocar o tronco. Quem mora na floresta, tudo bem, é só pegar no jardim. Nas cidades grandes, é preciso comprar troncos maiores. No dia do Natal, o "tio" está bem maior, e seu interior recheado de presentes. Para abri-lo, as crianças têm que bater com força nele, até quebrar o tronco e ele "cagar" todos os presentes. Durante o processo, gritam: Caga tio!

Se o Natal tem tantas peculiaridades na Europa, não se pode dizer o mesmo do ano-novo. *"É muito chato, as pessoas não têm um pingo de criatividade"*, reclama minha amiga. As festas costumam ser em lugares fechados, por causa do frio, e todo mundo se veste de preto ou vermelho. E nada de mais acontece. Sou obrigada a concordar que, nesse quesito, o Brasil dá um banho. De mar, ainda por cima. Com direito a pular sete ondas e ficar com a esperança de ter sorte no próximo ano.

RECEITA

PUDIM FLAMEJANTE
(RECEITA INGLESA)

INGREDIENTES

230g DE PASSAS

50g DE GROSELHAS (OU PASSAS DE UVAS PRETAS)

75g DE PASSAS DE UVAS BRANCAS

50g DE CEREJAS CRISTALIZADAS

15g DE AMÊNDOAS EM FLOCOS

100ML DE CONHAQUE

RASPAS DE 1 LARANJA

1 LIMÃO

SUCO NATURAL DE UMA LARANJA E DE MEIO LIMÃO

50g DE GORDURA VEGETAL

30g DE MIGALHAS DE PÃO INTEGRAL

50g DE FARINHA BRANCA

90g DE AÇÚCAR MASCAVO

1g (1/4 DE COLHER DE CHÁ) DE NOZ-MOSCADA, CANELA EM PÓ, CRAVO EM PÓ

1 PITADA DE SAL

2 OVOS MÉDIOS, BATIDOS

MODO DE PREPARO

DIA 1: Coloque todos os ingredientes e as amêndoas em floco em uma tigela. Por cima coloque o conhaque e adicione as raspas e suco de limão e laranja. Misture gentilmente. Cubra com filme plástico e deixe descansando durante a noite.

DIA 2: Misture os outros ingredientes e as frutas pré-embebidas em uma tigela grande. Mexa gentilmente com uma colher de pau, mas cuide para não quebrar as frutas. Coloque um pequeno disco de papel-manteiga na base de uma forma de 750 ml e, então, coloque a massa. Alise a parte superior de cima para baixo para que fique uniforme. Coloque outro disco de papel-manteiga por cima. Cubra a forma com papel-alumínio para que fique bem fechada.

Coloque a forma de pudim (com ele dentro) sobre uma tira de papel-alumínio longa o suficiente para fazer uma alça (que vai lhe auxiliar a tirar o pudim de dentro da panela depois de cozido).

Ponha a forma sobre uma chapa dentro de uma panela funda. Preencha com água quente até a metade. Coloque a tampa sobre a panela e leve a cozinhar em banho-maria. Baixe o fogo e deixe a água fervendo por cinco horas. Verifique constantemente o nível da água durante o cozimento e recoloque mais água na panela se for necessário.

Remova o pudim da panela, deixe esfriar completamente e então tire a tampa de papel-alumínio da forma. Embale a forma do pudim em papel vegetal e então em uma camada de papel-alumínio. Mantenha em um local resfriado e escuro por pelo menos um mês para maturar. Quanto mais tempo melhor.

DIA DO NATAL: Ferva o pudim por duas horas em uma panela de água, como antes. Esquente conhaque em uma concha até que inflame e aí coloque sobre o pudim para flambar.

A MENINA QUE CRESCEU ACHANDO QUE O PAPAI NOEL NÃO EXISTIA

ENGANARAM ADÉLIA DIREITINHO. E ela passou a vida quase inteira achando que o Papai Noel não existia. Quando crescida, teve dois filhos e não permitiu que eles conhecessem o bom velhinho.

O trauma veio numa aula de redação, do segundo ano da escola. A professora, toda espertinha, perguntou: quem aqui acredita em Papai Noel? Adélia, apesar de nunca ter visto um, levantou o braço. Seguiu-se um zunido. Risadas engolidas, silêncio forçado.

Por causa da miopia, a pequena menina sentava na primeira carteira da sala. Atrás dela, a turma. Pelas suas costas, o riso explodiu numa gargalhada coletiva monstruosa. A turma zombou dela. Adélia ficou com raiva. Cresceu dura, sem acreditar em magia.

Até que um dia, sua filha e o irmão mais novo foram ao shopping sozinhos para assistir a um filme no cinema. Lá, conheceram alguém que mudaria para sempre a vida deles, e a de Adélia também. Leia a entrevista do Papai Noel e entenda este e outros mistérios do Natal.

ENTREVISTA COM O
PAPAI NOEL

AVISO DE GATILHO: ESTA CONVERSA PODE DESPERTAR LÁGRIMAS ADORMECIDAS DURANTE O ANO.

MAMÃE ROCK E EGON ELY

EGON "NOEL" ELY TEM 75 ANOS E OSTENTA TÍTULOS DE MELHOR PAPAI NOEL DE ALGUNS SHOPPINGS DO BRASIL. POR SORTE, É SOGRO DE UMA AMIGA MINHA. COMO ESTAVA ESCREVENDO HISTÓRIAS DE NATAL, NÃO PUDE DEIXAR DE APROVEITAR ESTE PRESENTE DO DESTINO.

ALÉM DO MAIS, EU ANDAVA MESMO ATRÁS DE UMAS DICAS PARA LIDAR COM AS CRIANÇAS NO FIM DO ANO. ÉPOCA EM QUE NÓS, MÃES, ESTAMOS AINDA MAIS CANSADAS E ATAREFADAS.
PRECISAVA DESCOBRIR O SEGREDO MÁGICO DESTE SANTO HOMEM, QUE ENCANTA AS CRIANÇAS E VEM AJUDANDO ADULTOS DESESPERADOS A TIRAR CHUPETAS, DIMINUIR EPISÓDIOS HISTÉRICOS NO SUPERMERCADO E ACABAR DE VEZ COM NOITES SEM ESCOVAR OS DENTES. ESTA ENTREVISTA FOI FEITA POR *E-MAIL*. MORAMOS LONGE. EU, NO MUNDO REAL; ELE, NA TERRA DO SONHO E DA FANTASIA[5].

SUGIRO QUE VOCÊ SE SIRVA DE UMA FATIA GG DE CHOCOTONE E VENHA COMIGO, CONHECER O VERDADEIRO PAPAI NOEL.

5 Mora em Meia Praia, próximo a Itapema, no litoral de Santa Catarina.

OLÁ, SR. PAPAI NOEL, COMO VOCÊ SE TORNOU ESTE BOM VELHINHO?

Primeiro, desculpas pela demora em responder. Seu *e-mail* entrou como spam e ficou oculto. E eu não "me flagrei" de verificar nesta página. Ontem meu filho me advertiu e lá estava ele. Como me tornei Papai Noel? Não me tornei, fui tornado. Tenho sobrinhos que hoje estão na casa dos 30 anos. Quando eram pequenos, com dois ou três anos, já me chamavam de Papai Noel. Sempre usei barba e nesta época ela estava ficando branca. Eu nem pensava em ser um e já me chamavam assim.

ENTÃO VOCÊ NÃO NASCEU PAPAI NOEL?

Não, meu cabelo - acredite - um dia foi preto. Mas, de uma certa forma, eu sempre fui um pouco Papai Noel, desde pequeno. Sou o segundo filho de nove irmãos e sempre abri mão de tudo em favor dos menores. Com 10 anos, cuidava até de bebês. Posso dizer que tenho mais de meio século de experiência com crianças.

ONDE E QUANDO O SENHOR NASCEU?

Nasci em 24 de março de 1939, em Linha Floresta - RS, um vilarejo de 10 casas. Lá tinha igreja sem padre, uma escola primária onde a professora era alguma mãe mais letrada e cemitério. Todos os moradores eram descendentes de alemães vindos da região de Estrela e São Sebastião do Caí. Sou da terceira geração dos imigrantes vindos da Alemanha entre 1824 e 1829.

QUAL A CIDADE "GRANDE" MAIS PRÓXIMA?

Linha Floresta, como outras "Linhas" ou "Capelas" fazia parte de Selbach (a 7 quilômetros), então 7º Distrito de Carazinho (a 52 quilômetros).

COMO NUMA VILA QUE NÃO TINHA SEQUER UM PADRE O SENHOR SE TORNOU ESTE SER TÃO NATALINO?

Linha Floresta não tinha padre, mas Selbach tinha. E lá, o Natal era assunto sério. Em Selbach, o maior acontecimento natalino, talvez do ano todo, era a "Missa da meia-noite". Ainda não se falava em Missa do Galo na região.

COMO ERA ESSA MISSA?

A Missa era rezada em latim, mas os cânticos eram em alemão. O sermão do padre também, finalizando com um resumo em português.

E O PEQUENO EGON, POR ACASO, ENTENDIA ALGUMA COISA?

Eu e meu irmão atuávamos como "sacristãos", éramos parte ativa da liturgia. Fui coroinha tanto tempo que até sabia as rezas do padre em latim, embora não entendesse "bulhufas". Não se rezava missa em português. O padre ficava "de costas" para o povo, só se virava e abria os braços para saudar com *"Dominus vobiscum"* e *"Amem"*. Essas missas eram o ponto alto do Natal. Reuniam toda a comunidade da paróquia.

SE VOCÊ NÃO ENTENDIA O LATIM, O QUE ACHAVA QUE O PADRE ESTAVA FALANDO?

Esta citação *"Dominus vobiscum"* significa "Deus esteja convosco". Mas nós, a gurizada, que falávamos alemão, traduziamos como "Dominos wo bist du" ou seja *"Dominos, onde você está?"*.

ALÉM DA MISSA, COMO ERAM OS NATAIS?

Na infância nossos natais eram sempre alegres, embora, às vezes, trabalhosos.

POR QUÊ?

A armação da árvore e do presépio exigia muito das crianças mais velhas. Tínhamos que procurar uma árvore perfeita nas matas da vizinhança. O corte. O transporte até em casa. A armação, fixação na lata. A irrigação. E haja melhoral[6] na água para manter a árvore verde e viva por mais tempo. Era muita coisa pra ajeitar. A serragem para fazer os caminhos. As pedras para representar os morros. A construção do lago, para representar o Mar da Galileia. O plantio de arroz em latas de goiabada para representar arrozais e trigais. A colocação das bolas (de vidro muito frágil) e outros enfeites. A coleta de musgo (barba de pau) nos matos para enfeitar a árvore. Os chumaços de algodão para representar neve. Não havia eletricidade, então a luz era produzida por velas (pequenas e coloridas, em suporte especial) colocadas nos ramos. Com cuidado para não incendiarem a árvore, que murchava e secava.

QUE TRABALHO! E QUE PERIGO!

Lembro de muitos incêndios de casas por esse motivo. Esses serviços pesados cabiam a mim e meu irmão dois anos mais novo. Isto dos meus seis aos 12 anos. Quando chegava a noite de Natal, nossos dedos e braços estavam marcados de tantas "alfinetadas" dos ramos espinhentos do pinheiro. Nem lembro da dor. A alegria superava tudo.

---

6 Remédio de nome bem sugestivo que as crianças tomavam quando tinham dores ou febre.

E A NOITE DE NATAL?

Nossa mãe lia e contava histórias e mais histórias. Em alemão, pois era a língua falada em casa e no vilarejo. Ainda não sabíamos falar português. Cantávamos muitas músicas natalinas.

VOCÊ LEMBRA QUAIS ERAM?

Stille Nacht (Noite Feliz), *Oh Tannenbaum* (Ó Árvore), *Oh du fröhliche,* (Ó, tu Alegre), *Süsse die glocken nie klingen* (Doce como os sinos nunca tocam) e outras mais.

TUDO ISSO EM VOLTA DA ÁRVORE?

Sim. A árvore e o presépio ocupavam, pelo menos, de 2 por 3 metros quadrados. Ou até mais. A árvore tinha a altura do pé-direito da casa (2,5 a 3 metros). E ficava armada até meados de janeiro.

PARECE ENCANTADOR. E O PAPAI NOEL. HEIN? TINHA AL-GUM NAQUELAS BANDAS? QUERO ENTENDER QUEM FOI O TEU MODELO.

Não, Ana, sério, você não imagina como eles eram. Definitivamente não é o meu modelo. (Risos). O Papai Noel da década de 1940 era de causar temor, pavor nas crianças. Vinha com uma "vara de marmelo" bem comprida, com uns 2 metros. E - pasme - ele batia nas crianças. Chegava arranhando o chão e a parede das casas de madeira com um "cajado", uma espécie de bengala, para botar o terror mesmo. Falava com voz grave, brava e acusadora. Distribuía varadas em todas as crianças.

NÃO ACREDITO. ESTOU CHOCADA.

Calma, porque piora. Na hora de entregar o presente, deixava cair para que fosse pego pelo presenteado. Enquanto isso dava uma varada nas costas da criança, com relativa força. Para doer mesmo. Eu não me lembro se fui vítima de algum excesso. Tenho irmão mais moço que tem más lembranças. Acho que até merecia, naquele tempo. (MAIS RISOS).

SIGO CHOCADA... E OS PRESENTES? ERAM BEM O QUE VO-CÊS QUERIAM?

Às vezes não. Eu devia ter quatro anos quando o Papai Noel entrou em casa trazendo um triciclo, eu fiquei todo feliz. Meu irmão, com dois anos, correu ao encontro do Papai Noel e dizendo "eu quero isto". E ele realmente ganhou o triciclo. Eu ganhei uma gaitinha de boca.

ALÉM DISSO. TENS ALGUM TRAUMA? ALGO TRISTE?

Não foi um Natal triste, mas teve um acontecimento que gerou tristeza. Eu devia ter sete ou oito anos. Ganhei uma bola de futebol "de borracha". Não era de couro. Em frente à nossa casa, do outro lado da rua, havia um gramado (potreiro), cercado por arame farpado. Durante uma "pelada" com a molecada da vizinhança a bola bateu no arame e furou. Minha "poupança" ficou dolorida por alguns dias. E o pior, fiquei sem bola.

ALÉM DE BATER NAS CRIANÇAS. O PAPAI NOEL AINDA FAZIA DESSAS. É?

Eu como Papai Noel hoje procuro atuar bem diferente. Me apresento dizendo que sou amigo, que dou beijos e abraços.

UFA! VOCÊ SE CONSIDERA MUITO BONZINHO?

Sou um engenheiro aposentado. Fui criado nesse contexto que te falei. Sou um alemão teimoso, um pouco "rude". Não tenho formação em psicologia. A minha psicologia é a vivência, a experiência.

POR FALAR EM EXPERIÊNCIA DE VIDA. COMO FOI A SUA?

Em Selbach tinha uma Escola Municipal que nunca funcionava porque não tinha professora. Havia também uma Escola primária, católica, ao lado da Igreja. Nesta escola fiz a minha iniciação escolar: Jardim de Infância (seis anos) e 1º ao 5º ano e Admissão ao Ginásio, de 1946 a 52. Em 1956 a família mudou-se para Carazinho e eu já estava estudando em Porto Alegre. Já falava português. Já era "gente grande". Fiz o 1º Científico no Colégio Rosário e o 2º e o 3º no Colégio Júlio de Castilhos. Depois, cursei Agronomia na Sociedade Pró-Universidade de Passo Fundo-RS. Em 1964, me formei na Escola de Agronomia e Veterinária da UFRGS.

ENTÃO VOCÊ COMEÇOU A TRABALHAR? COM COISAS MUNDANAS... SEM PIRILAMPOS?

Eu precisava ter uma profissão. Estudei pra isso. Primeiro veio a lida campeira. Trabalhei nos estados do Mato Grosso (hoje Mato Grosso do Sul), Santa Catarina (Chapecó) e Rio Grande do Sul. Era trabalho, mas não tinha magia, sabe? Te conto isso só pra você entender o que eu fazia quando estava nesse mundo sem graça, dos adultos e das ciências exatas.

QUANDO CHEGAVA O NATAL, O QUE VOCÊ FAZIA?

Os anos passaram e eu sempre "tirando férias" no período natalino. Depois de constituir família ainda seguimos a tradição, mas sem tantos preparativos. Agora é "mais light". A árvore é artificial. Os enfeites são de plástico colorido. Muitas luzinhas coloridas e muito pisca-pisca. Somos nove irmãos, como já te falei. Eu sou o único "vivo", os outros "trabalham" (brincadeira). Mas, no Natal, eles tiram férias e eu trabalho.

POR FALAR EM TRABALHO, COMO VOCÊ ENTROU NESSA DE VESTIR A ROUPA VERMELHA E GANHAR POR ISSO?

Em abril de 2010, minha neta Valentina nasceu. Eu fiquei eufórico. Fui visitá-la em Porto Alegre. Fomos todos ao Brique da Redenção, uma feira de artesanato bem conhecida na cidade. Minha barba já era totalmente branca, porém curta. Notei que um grupo de jovens me observava. Vieram falar comigo e me entregaram o *folder* de uma agência de promoções. Precisavam de Papai Noel. Não os procurei, mas alguma coisa acendeu dentro de mim. Um vagalume passou o ano todo piscando no meu estômago. Em 2011, fui atrás da empresa. Em dezembro daquele ano iniciei minha jornada.

O SENHOR MORA NA PRAIA, ME CONTARAM. MUDOU-SE PARA PORTO ALEGRE PARA TRABALHAR?

Meu primeiro trabalho foi em Passo Fundo, no norte do Rio Grande do Sul. Sim, eu reuni algumas renas, montei meu trenó e passei quase dois meses por lá. Foi a primeira experiência. Embora sofresse com o calor, valeu muito a pena. A combinação traje e botas com ambiente sem refrigeração parece letal, mas não é!

O QUE VOCÊ SENTIU?

Senti que estava fazendo a coisa mais gratificante da vida. Me tornei criança. Revivi e continuo revivendo a magia do Natal. A alegria das crianças. Os abraços. De lá pra cá, não parei mais. Todo ano é uma emoção diferente.

VOCÊ SEMPRE SE MUDA DE ALDEIA MÁGICA?

Nem sempre. Quando trabalho em Balneário Camboriú não preciso me mudar. Eu não me importo, sabe? São só dois meses. Cada shopping é especial.

IMAGINO QUE TENHA MUITAS LEMBRANÇAS. O QUE MAIS TE MARCOU NESSES ÚLTIMOS ANOS? ALGUMA CRIANÇA ESPECIAL?

São muitas, mas tem uma que eu choro só de lembrar. Estávamos no Atlântico Shopping de Balneário Camboriú, 2012. Algumas crianças eram visitantes diárias. Vinham, me abraçavam, deitavam sua cabecinha no meu ombro e davam "tchau" aos pais. E ficavam e ficavam. Havia uma garotinha russa nascida em São Petersburgo, filha de mãe brasileira e pai russo, que completou o 1º aninho em 19/12/2012. Levei 14 dias para conquistar a simpatia da Ekaterina. Ela era um encanto. No Natal seguinte (2013) atuei em Porto Alegre[7]. Em 2014, retornei a Balneário Camboriú, porém mudei para o Balneário Camboriú Shopping. Lá, reencontrei Ekaterina e sua mãe. Quando me viram, foi automático. Correram para me abraçar e choraram. Eu também chorei. Contaram que haviam me procurado no ano anterior e mal acreditaram que eu

---

7 Shopping Iguatemi (nov) e Bourbon Country (dez).

estava de volta. Foi muito emocionante, mas nem se compara a uma outra situação que me transformou para sempre.

PUXA, FIQUEI CURIOSA! O QUE HOUVE?

Sabe aqueles momentos que nos fazem rever toda a nossa vida e pensar que a gente podia ter feito tudo melhor? Nunca vou me esquecer. Acho que foi ALI que eu virei mesmo o Papai Noel. A criança que mais me marcou na vida era uma pré-adolescente. Tinha talvez nove ou dez anos. Na semana do Natal, ela sentou-se ao meu lado e disse: *"Papai Noel, eu vim lhe agradecer o presente que você já me deu"*. Estava com seu irmão menor. Na ocasião não pude recordar se já tinha falado com ela, são tantas crianças, mas perguntei: *"Você gostou do presente? Era isso que você realmente queria? Você não gostaria de pedir mais alguma coisa?"* Então ela falou: *"Eu gostaria que minha mãe não gritasse mais comigo"*. Fiz um esforço sobrenatural para segurar as lágrimas. Prendi o choro e continuei. Haja psicologia! Perguntei a respeito da atividade profissional da mãe, o que ela fazia, em que trabalhava. Ela contou que a mãe trabalhava com eventos, formaturas, recepções, essas coisas. De posse dessas informações, tentei fazê-la entender os motivos da mãe em chegar alterada em casa. Disse-lhe: *"Nesse tipo de atividade, lida-se com muitas pessoas e nem sempre as coisas saem como planejadas. Sempre ocorrem falhas de última hora. Ninguém é culpado. Isso faz com que tua mãe fique nervosa. Provavelmente ela não pode 'descarregar' a frustração nas pessoas e nos colegas. Quando chega em casa, descarrega em cima de sua 'melhor amiga', que é você.*

Você não faz isso quando se desentende com coleguinhas de colégio ou amigas? Você nunca procura o ombro da tua 'melhor amiga' - tua mãe - para descarregar tua frustração?" Sugeri para ela: *"Eu vou te propor uma atividade, você aceita?"* Diante da afirmativa, eu continuei: "*Hoje, quando tua mãe chegar em casa, saia da frente da TV. Fique espiando pela janela e, quando ela abrir a porta, vá e diga para sua mãe 'Muito obrigada mamãe por eu ser tua filha. Eu te amo muito'. Aí você abraça e beija sua mãe. Duvido que ela grite contigo.*"

VOCÊ SE SOLIDARIZOU COM A MENINA E CRIOU UMA FORMA DE REALMENTE AJUDÁ-LA!

Sim, eu fiquei muito preocupado. Com a menina, o irmão e a mãe. Então, segui conversando com ela. Disse-lhe: "*Faça isso, também, pela manhã quando acordares e chegares na cozinha onde a mãe deve estar preparando teu café. Diga: 'Muito obrigada, mamãe, por eu ser tua filha'. Abraça e beija. Teu dia vai ser bem melhor e o dia da tua mãe vai ser muito melhor. Ela vai chegar no trabalho toda sorridente e todos vão querer saber o motivo. Repita isso todos os dias. Faça isso com teu irmão. Faça isso com tuas amigas. Faça isso com teus avós, com tuas tias, primas. Faça isso com tuas 'inimigas', diga-lhes 'muito obrigado por eu ser tua amiga'*".

Enquanto eu falava a menina começou a chorar. Puxa, ela era tão novinha e parecia estar tão infeliz. Chorei com ela. Abracei a menina e disse: "*Muito obrigado por eu ser o teu Papai Noel Amigo. Eu te amo*". Quando ela se levantou para sair, me abraçou e agradeceu.

Ao irmãozinho que estava presente, perguntei se tinha ouvido e entendido. "*Então vai e faça o mesmo*".

PAPAI NOEL, ASSIM NÃO VALE, QUANTAS VEZES VOCÊ VAI ME FAZER CHORAR NESSA ENTREVISTA?!

Vou tentar não fazer mais, prometo. Essa menina foi um anjo que transformou a minha própria forma de ver o mundo. E foi aí que criei esse método, de conversar e incentivar o amor, os abraços, a compreensão. Em minhas visitas de Natal eu uso essa prática e todas as pessoas presentes se abraçam e beijam, trocando agradecimentos.

COM TANTOS ELOGIOS, VOCÊ FICA MUITO EXIBIDO?

Nos tempos de Científico[8], nos final dos anos 50, meus companheiros de "república", de trabalho e de colégio diziam que eu era "fleumático"[9]. Eu era tão avesso a elogios que nunca fui atrás para sequer saber o que significava no dicionário. Ficava indiferente ao "elogio".

MAS O SENHOR NÃO GOSTA DE ELOGIOS?

Não gostava. Ainda hoje não sou muito ligado. Em alemão existe um ditado que traduzido diz que "o próprio louvor cheira mal". Também acho que aceitar muito elogio leva ao orgulho. Entre Orgulho e Gorgulho prefiro o Gorgulho (inseto) comedor de feijão, pois pode ser controlado e combatido. O Orgulho consome a alma, o caráter. Aí não tem salvação. Aliás, tem. A terra come. Sempre fui, e continuo sendo, mais racional que emocional. Para mim vale a expressão: Pão-Pão - Queijo-Queijo. Não é não, sim é sim.

VOCÊ REPETE ISSO PARA TENTAR SER DURÃO. EU TE ENTENDO. TAMBÉM GOSTO DE ME FAZER DE FORTE.

Tenho minhas emoções, choro. Mas em particular, em silêncio. Procuro não expor. Fui criado assim, tem coisas que a gente não muda.

---

8 O equivalente atual ao ensino médio.
9 Pessoa que tem frieza de ânimo, impassível.

Vou aproveitar que estou *solito* em casa. Minha esposa está lidando com a sua mãe de 93 anos no Hospital em Balneário Camboriú. Hoje não precisaram da minha ajuda. Então vou seguir nessa nossa prosa.

ME CONTA A SUA ROTINA QUANDO ESTÁ NA LABUTA.

Depende um pouco da cidade. Geralmente começo na primeira semana de novembro. São quase 50 dias de muito trabalho. Os turnos vão de seis a oito horas, com pequeno intervalo de meia hora. É cansativo? Cansa, mas não cansa. Depende do dia e do movimento. O que cansa, no Brasil, é o calor. Essa época do ano mesmo em Curitiba faz calor.

QUAL O SEGREDO PARA NÃO CANSAR?

É impossível cansar de ver crianças alegres sorrindo e te abraçando, pegando na barba e gritando: *"Mãe, é de verdade?"* As crianças rejuvenescem. Alimentam a alma. Fazem parte da magia do Natal. Papai Noel e as crianças são mágicos.

E AQUELE MOMENTO TÃO IMPORTANTE. A CERIMÔNIA DE ENTREGA DA CHUPETA. TEM ALGUM TRUQUE ESPECIAL PARA FAZER DAR CERTO?

Agora você tocou numa questão bem importante do meu trabalho. Pra mim o "bico" é um assunto muito sério. E, respondendo a sua pergunta, sim, tenho um método que sigo à risca e que nunca falha.

AGORA FIQUEI MAIS CURIOSA AINDA. ME CONTA.

Na hora da entrega do "bico" é preciso magia.

ONDE COMPRA? ESTOU BRINCANDO.

Quando possível faço com que a criança seja o mágico que faz o bico desaparecer. Explico que não há possibilidade de retorno. O destino do bico envolve a emoção da criança e ela, como mágica, se responsabiliza no processo.

A CRIANÇA CHEGA. QUER ENTREGAR O BICO. E AÍ?

Pergunto: "*tem mais bico em casa?*" Caso positivo, nada feito. Não faço trato pela metade. A criança deve aprender a fazer tratos e cumprir com o tratado. Ou é todos os bicos ou nenhum. Dificilmente eles levam todos pro Papai Noel.

ESTOU ENXERGANDO AQUELE TRAÇO TEIMOSO E INFLEXÍVEL QUE O SENHOR TINHA COMENTADO.

Dou outra possibilidade. Pergunto se ela não quer ser um mágico que faz os bicos desaparecerem. Chamo os pais e explico: "*Fulano(a) vai ser o(a) mágico(a) hoje à noite e vai fazer desaparecer os bicos (todos).*" Explico ao mágico em questão que, quando for dormir, deve colocar todos os bicos debaixo do travesseiro. Não pode pegar durante a noite. De manhã, ao acordar, deve levantar o travesseiro e dizer "*tchan-tchan*" e os bicos sumirão.

PARA ONDE FORAM OS BICOS?

Papai Noel levou? Lembro a eles que já disse que não chupo bico e também que nenhuma criança vai querer bico todo babado. Pergunto-lhes se ouviram o Papai Noel, com as botas pesadas, entrar no quarto? Se papai ou mamãe pegaram? Também não. Eles entram na magia da história.

MAS QUEM PEGA ESSES BICOS AFINAL?

A "mamãe ratinha". Ela vive numa toca num terreno baldio perto da casa da criança. Ela entrou durante a noite, pegou os bicos e levou para sua casinha. Ela tem uma porção de filhotinhos. Os dentes dos ratinhos crescem pra frente e eles precisam morder algo para gastar os dentinhos. Se não, os dentes crescem tanto que os coitadinhos não vão poder comer e vão morrer de fome. *Você não vai querer que morram. Não é?*", jogo pra eles.

SIMPLES ASSIM?

Não há reclames, não há choros. Não gosto de fazer a "troca do bico por presente". Primeiro, não tenho o presente na hora para trocar, e também não aceito fazer porque senão me complico com as outras crianças. Ali é só balas.

AINDA ASSIM AS CRIANÇAS DEVEM LHE PEDIR MUITAS COISAS. NÃO?

Procuro mudar o "quero ganhar" por "gostaria de ganhar". A criança por natureza é egocêntrica e egoista. Hoje é mais forte porque a maioria é filho único. E criança de "shopping" é mais acostumada a querer e receber, quando não recebe mais do que quer. Pergunto: *O que você gostaria de ganhar no Natal?*"

INTERESSANTE. VOCÊ GERA UMA REFLEXÃO. DIZER GOSTARIA É BEM DIFERENTE DE QUERO. TIRA DA CRIANÇA A NOÇÃO DE QUE ELA VAI GANHAR CERTAMENTE TAL PRESENTE. MUITO BOM.

O QUE VOCÊ OBSERVA NAS CRIANÇAS, HOJE EM DIA?

Observo que os adultos não ensinam as crianças a cumprirem os tratos. Eu procuro ensinar isso, tento fazer essa pequena contribuição.

COMO?

Quando algum pequeno vem me pedir um presente, explico que não posso aceitar que a criança "logre" o Papai Noel.

COMO NO EPISÓDIO DA CHUPETA, POR EXEMPLO?

Exato. Nunca aceito que me entreguem a metade da mercadoria, pois estarei ensinando ela a ser um trapaceiro no futuro.

E SE A CRIANÇA LHE ENTREGAR MESMO TODOS OS BICOS?

Quando aceito o bico explico que não tenho o presente na hora, mas quando ela chegar em casa, o presente estará lá. Faço com que os pais assumam a responsabilidade e cumpram o prometido.

ENTÃO VOCÊ EDUCA A CRIANÇA E OS PAIS?

Uma criança não vai trocar o bico por um presente que vai receber dali a muitos dias. A conta não fecha, as crianças não funcionam assim. Elas são puras e precisam enxergar o benefício, entender bem o pacto.

O QUE ACONTECE SE NÃO GANHAREM O PRESENTE LOGO?

No dia seguinte vão querer o bico de volta. Os pais não podem voltar atrás. A saudade do bico pode ser maior do que a alegria do presente, mas deve ser um caminho sem volta.

COMO OS PAIS DEVEM LIDAR COM ISSO? LEVA DE VOLTA PRA TER AQUELA D.R.[10] COM O PAPAI NOEL?

Não é bom que a criança volte para reclamar, mas sim para agradecer. Reclamar: a criança está triste, frustrada. Agradecer: a criança está alegre, eufórica, orgulhosa.

O SENHOR NÃO ACEITA RECLAMAÇÃO. É ISSO?

Fico triste mesmo quando os pais vêm reclamar da criança. Dizer que é isso ou aquilo, que para ganhar presente ela deve se comportar.

O QUE O SENHOR FAZ NESSAS SITUAÇÕES?

Chamo todos para conversar. Peço que sentem juntos, ali comigo. Inicio com a pergunta dirigida à criança: *"Como são os pais, eles obedecem? Eles brigam? Discutem?"* Então explico que os pais educam. Os professores ensinam. A criança chega ao colégio já educada. Os professores não têm responsabilidade pela educação da criança. A criança é teimosa, não obedece, não quer comer e mais uma série de nãos. Vamos examinar a personalidade da criança se formando. A criança pensa, ela já tem decisões. Tem diferença de "birra". A solução está no diálogo. Nos tratos, nas combinações que devem ser cumpridas por ambos os lados.

AGORA FIQUEI COM MEDO DE VOCÊ, PAPAI NOEL. MAS SEI QUE ESTÁ CERTO! NUNCA TEVE UMA SAIA JUSTA COM OS PAIS?

Não, de modo algum. Ultimamente, estou com uma certa deficiência auditiva. Às vezes, não entendo muito bem o que a criança fala. Sempre dou um jeitinho. Mudo a conversa, peço ajuda para as mães.

10 Discussão sobre o Relacionamento.

COMO CONQUISTAR CRIANÇA COM VERGONHA, COM MEDO?

Calma, paciência. Nada de forçar. Se a criança sabe andar, eu aceno com uma balinha. Me abaixo. Ajoelho. Olho na altura do olho da criança. Peço a pais e avós (são as piores) que não peguem no colo. Não peguem na mão. Deixe a criança "sozinha no deserto". Deixe ela observar as outras crianças. Deixe que ela decida. Deixe a criança "à vontade". Oriento as assistentes a não interferirem à toa. É meu estilo. A criança vem. Demora um pouco. Talvez no segundo ou terceiro dia.

É BOM SER PAPAI NOEL?

Ser Papai Noel é a coisa mais glorificante que eu já fiz na minha vida. Acho que estou ficando com o coração mole. Que assim seja.

ALGUM ARREPENDIMENTO?

Lamento não ter conhecido aquela menina que amoleceu meu coração antes. Por que aquele anjo demorou para aparecer? Meus filhos, sobrinhos, irmãos, irmãs, etc., todos são uns anjos. Mas aquela menina no Natal de 2012 fez a diferença. Eu poderia ter sido uma pessoa melhor desde sempre se minha alma tivesse sido tocada dessa forma antes.

INTERVALO, POR FAVOR. PRECISO ENGOLIR ALGUNS NÓS NA GARGANTA.

VOCÊ PENSA EM PARAR?

Parar? Sinceramente, não! Pretendo continuar enquanto tiver a graça de encantar as crianças com a magia do Papai Noel. Espero que esta não acabe, que dure, dure, dure.

E OS TEUS NETOS. COMO LIDAM COM O FATO DE TEREM UM AVÔ TÃO IMPORTANTE?

Meu neto mais velho, o Lucas, tinha 17 anos quando virei Papai Noel profissional. A Valentina tinha um ano e meio e a Bruna não era nascida. Nos colégios correm na frente para me anunciar e dizem com orgulho "meu vô é o Papai Noel". Todas as crianças me envolvem, falando ao mesmo tempo, querendo chegar mais perto e gritando. Tudo isso, mesmo eu estando "à paisana". Se pra mim é mágico, fico só imaginando a cabecinha delas. Do Lucas não é, pois já é um marmanjo de 23 anos.

AS COISAS MUDARAM MUITO DA TUA INFÂNCIA PRA CÁ?

Hoje é costume encerrar o período em 6 de janeiro. É o fim da magia. Na minha infância, os presentes, brinquedos, duravam o ano inteiro. Até o próximo Natal.

Hoje é diferente. Em janeiro, os presentes já estão atirados nos cantos. Os "presenteados" já se cansaram deles. É o consumismo, o imediatismo.

PRA TERMINAR EU QUERIA UMA FÓRMULA SECRETA PARA CONGELAR O NATAL DURANTE O ANO TODO. SÓ A MAGIA. SEM A PARTE DE TER QUE COMPRAR PRESENTES E ASSAR PERUS.

Isso é fácil. Releia a entrevista que você vai saber como ;)

ANTES DE ENCERRAR,
O PAPAI NOEL
ACHOU POR BEM
COMPARTILHAR COMIGO
ESTAS INFORMAÇÕES
ADICIONAIS.

CONSIDERAÇÕES NATALINAS:

HISTÓRIA DO NATAL
NASCIMENTO DE JESUS CRISTO (MENINO JESUS).

COMEMORAÇÃO
12 DIAS – TEMPO DA VIAGEM DOS TRÊS REIS MAGOS.

REIS MAGOS
GASPAR, BELCHIOR E BALTAZAR.

PRESENTES
OURO, INCENSO E MIRRA.

PAPAI NOEL:
Origem - Turquia - Ano 280 d.C. - Bispo Nicolau. Saquinhos de moedas próximos às chaminés de casas de pobres. Por isso o Papai Noel entra pela chaminé.

ENDEREÇO OFICIAL DO PAPAI NOEL:
Santa Claus - Fin. 96930 - Artic Circle - Rovaniemi - Finlândia.

ÁRVORE DE NATAL:
Origem - Alemanha - 1530 - Bispo Martinho Lutero (fundador da Igreja Evangélica - Protestante)

NOMES DO PAPAI NOEL:
Brasil - Papai Noel
Portugal - Pai Natal
Alemanha - Weihnachtsmann
França - Père Noël
USA, México - Santa Claus
Inglaterra - Father Christmas
Itália - Babbo Natale
Argentina, Espanha, Colômbia, Paraguai, Uruguai - Papá Noel
Chile - Viejito Pascuero

ROUPA DE PAPAI NOEL:
Até final do Século XIX - Roupa de inverno - cor marrom ou verde-escuro.
1886 - Thomas Nast (cartunista Alemão) - criou a imagem com cores vermelha e branca, cinto preto (Publicado na revista "Harper's Weeklys")
1931 - Coca-Cola - campanha com Papai Noel no figurino de Thomas Nast (Haddon Sunblom)

FELIZ NATAL:
Brasil - Feliz Natal
Inglês - Merry Christmas
Alemão - Fröhliche Weihnachten
Espanhol - Feliz Navidad
Francês - Joyeux Noël
Itália - Buon Natale

ALDEIA DO PAPAI NOEL:
Gramado-RS

MANDINGAS DO BEM

SE VOCÊ ACREDITA MUITO NO horóscopo ou faz simpatias no ano-novo, nem leia este texto. Basicamente eu vou dizer que nada muda, então, pensando bem, leia sim e depois você me escreve contando o que achou.

Eu já fui daquelas que compravam calcinha nova, que comiam 12 uvas, que perdiam a tarde atrás de uma romã para servir na virada e que pulavam as sete ondas. Lembro de um Reveillón que passei em Copacabana. Era a virada de 1999 pra 2000. A grande virada, só se falava em bug do milênio. Se é que a vida de alguém podia mudar radicalmente de um ano para o outro, nenhuma data era tão representativa. Pena que choveu a noite toda. Choveu é um eufemismo, era como se São Pedro estivesse virando um balde d'água infinito na nossa cabeça.

Eu, mística holística, com 21 anos de pura crença superficial no desconhecido, fui pra água. No meio da multidão, do caos e da lama – lama de areia no caso – vestida de branco da cabeça aos pés. Tinha uma missão: pular as ondas. Um, dois, perdi um chinelo. Três, quatro, cinco, socorro, vou cair. Seis, sete, tchibum, chega! Vamos voltar pra casa urgente!

Mentalização que é bom, picas. Com o tempo fui cansando. Cansando mesmo. Nos últimos anos, devo até ter dormido antes da virada. Aliás, é uma excelente forma de começar o ano, dormindo bem cedo. Você sem dúvida começa o ano bem descansado/a!

A coleção secreta

SE TEM UMA COISA DE QUE AS CRIANÇAS NÃO gostam é ficar brincando perto dos pais. Quando eu era pequena, apesar de não ter uma cabaninha na floresta como a de Tom Sawyer e de Huckleberry Finn, só queria passar as tardes das férias em um ambiente isolado de adultos, com minhas primas. Ouvindo a Simony cantar "Ursinho Pimpão" numa fita do Balão Mágico.

Atrás da casa da minha tia Jane, tinha uma edícula de madeira. Uma edícula é uma casinha simples e eu nunca entendi por que a estranheza do nome. Lá a gente virava a tarde mexendo em coisas antigas, escrevendo diários, lendo, fazendo planos infalíveis, brincando com bonecas e cultivando segredos.

Eu devia ter uns sete ou oito anos naquelas férias de verão em que decidi que não voltaria do interior para Curitiba com meus pais depois do Natal. Eu queria mais daquela vida bucólica de poder andar na rua sem adultos, de comprar picolé na hora que desse na telha, ir ao mercado só com as primas, não ter que andar com uma babá na rua, um mico para crianças de alma libertária nos anos 80.

O plano inicial era ficar até o Carnaval. Porque o Carnaval no interior era outro fascínio para mim. Fantasias, matinês e blocos com as primas. Não tinha nem um décimo disso na minha vida trancada em apartamento na cidade grande. E fiquei. Sentia saudades de casa, da minha mãe em especial, mas ter um dia inteiro de brincadeiras com as minhas primas e as primas das minhas primas superava qualquer pontinha de "eu quero a minha mãe".

Pra não onerar a família, meus pais me deixaram algum dinheiro. Um dos meus tios era padeiro. Era lá, na Super pão, que lanchávamos no meio da tarde. Obviamente ninguém me cobrava, mas meus pais faziam muita questão que eu pagasse, e eu obedecia (na maioria das vezes).

Nossa principal brincadeira era costurar roupas para as Barbies. A gente definia algumas categorias, como praia, trabalho, passeio e festa, e passávamos o dia inteiro costurando roupinhas para o grande desfile. No desfile, algum adulto votava nas mais legais e, quem ganhasse mais categorias, vencia a competição toda. Era uma mistura de concurso de *miss* – que eu nunca assisti, mas inegavelmente estava no imaginário da época – com Ti-ti-ti, uma novela maravilhosa que passava na tevê naquela época.

Ti-ti-ti possuía dois núcleos dramáticos: um envolvendo uma senhora internada numa instituição psiquiátrica, que costurava vestidos incríveis para bonecas, e outro de alta-costura, que reproduzia esses vestidos em tamanho real. E um cara que fazia a ponte, lógico. A novela era um sucesso e acredito que teve um peso enorme na evolução da indústria de moda no Brasil. Muitas crianças como eu ficavam hipnotizadas sonhando com aquele mundo.

Assim como na novela, nosso foco principal eram os vestidos de festa. Era uma época de muitas camadas, brilhos e decotes. Eu adorava bordar minhas criações com muitas lantejoulas. Meus dedos ficavam todos furados de tanto tentar acertar o buraquinho na hora de pregar aquelas paquinhas brilhantes nos vestidos super-reduzidos.

Havia uma pequena loja de armarinhos exatamente no caminho entre a casa da minha tia e a padaria onde lanchávamos. A gente passava por ali toda hora e, como uma criança que gasta seus trocos em figurinha para completar um álbum, comprávamos paetês escondidas das nossas tias. Elas não viam utilidade onde a gente enxergava brilho e glamour.

Eu não diria que era proibido comprar os brilhos, mas não era correto economizar em picolé para adquirir coisas inúteis na lógica italiana da família, que, a saber, preza sempre por entulhar crianças de comida. Pelo bem da nossa coleção e para não ter que justificar os investimentos em materiais, mantinhamos nossos produtos escondidos na edicula.

A coleção de brilhos estava completa, todas as cores possíveis da lojinha, quando um grande imprevisto ocorreu. Os potinhos ficavam abertos enfileirados numa estante para que pudéssemos usar nos bordados e admirá-los ao mesmo tempo. Porém, por algum motivo desconhecido, naquela tarde a tia Jane decidiu verificar nossas atividades. Quando ela entrou na casinha, eu quis esconder a coleção e instintivamente empurrei os pequenos potes em direção à janela. Eu estava nervosa, eles não pesavam quase nada. Resultado: todas as lantejoulas voaram pelo quarto numa maravilhosa e desesperada nuvem de brilho.

Nosso segredo foi descoberto e, obviamente, não causou nenhuma complicação porque não havia nada de mais em ter comprado aquilo. O brabo foi passar o resto das férias catando os brilhos pelo quarto, limpando o pó delas e separando por cor. Foram dias e dias. Foi ali que eu desisti de ser estilista de moda.

O Verão da Livroteca

Os verões em Porto Alegre costumam ser muito quentes. Quem fica na cidade faz de tudo para se refrescar. Há dias desumanos em que a água fria do chuveiro sai morna e as plantas ficam desmaiadas desde o amanhecer. A casa fica parecendo um incinerador.

Já me aconteceu de pegar copos dentro do armário da cozinha, uma peça totalmente isolada do sol, e eles estarem quentes. Há noites em que os ventos do norte sopram tão forte que nos sentimos dentro de uma churrasqueira.

Assim, quem pode evitar as semanas com temperatura mais escaldante, evita. Sou desse grupo. No entanto, em 2011, não fomos à praia. Fazia 8 meses que minha sogra Eloisa havia se acidentado gravemente e ainda engatinhava na recuperação. Nada de Floripa, banho de mar ou castelinho de areia. Lá, apenas atrapalharíamos a sua recuperação.

A Anita estava com seis anos e o segundo ano do colégio só começava em março. No nosso prédio, muitas famílias estavam na mesma situação; crianças em férias sem muito o que fazer.

Um grupo de crianças, na época com seis a dez anos, costumava se reunir na parte de baixo do prédio. Jogavam quei-

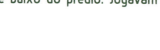

mada, caça-bandeira[II], polícia e ladrão e esconde-esconde. Sempre as mesmas conversas.

Em uma noite quente de dezembro, a Ana Luísa, uma menina de oito anos muito sagaz, desceu para levar o lixo. Quando chegou na "Sala do Lixo", um ambiente não muito perfumado na entrada na garagem do nosso prédio, encontrou uma caixa cheia de livros. Como alguém poderia jogar tantos livros fora? Subiu ao seu apartamento para buscar reforços e, com ajuda do irmão, levou a caixa pra casa.

A mãe estranhou. O pai não entendeu nada. O irmão estava tão indignado quanto ela. Que tal juntar à caixa livros que eles também não liam mais e vender no condomínio?

As amigas da Ana - Anita, Bibi e Geórgia - abraçaram a causa. Cada uma correu pra sua casa para fazer um inventário semelhante. No final da noite seguinte, reuniram-se na quadra e planejaram minuciosamente como seria a primeira empresa mirim de suas vidas. Convidaram mais e mais crianças e estava formada a cooperativa.

Para aumentar o estoque, fizeram uma campanha de arrecadação em todos os apartamentos. Aqui no nosso condomínio moram cerca de 150 famílias. É gente pra caramba. Tinha cada pérola, revista Seleções da época que o homem pisou na Lua, a coleção Vaga-Lume completa, edições variadas do livro *O Pequeno Príncipe* e até livros em outras línguas.

Assim nasceu a Livroteca, talvez o primeiro sebo condominial 100% gerido por crianças. Numa força-tarefa que envolvia o grupo todo, eles catalogaram e precificaram mais de 200 livros e revistas sobre os mais variados assuntos.

II Caça-bandeira é uma brincadeira muito popular no Rio Grande do Sul. Dois times escondem suas bandeiras (geralmente garrafas) em uma área aberta comum. Dão três pistas para o time oposto. A missão de cada time é encontrar a "bandeira do outro" e levar ao seu quartel-general. Se encontrar alguém do time oposto no caminho, fica congelado até ser salvo por alguém da sua equipe.

Logo cedo as crianças acordavam e se dirigiam à sede da firma, o gramado em frente à primeira das três torres do condomínio. Lá definiam a escala e arrumavam sua banca. Estendiam cangas sobre o gramado e colocavam os livros em cima, separados por gênero. O pagamento era feito somente em dinheiro.

O público englobava quem passava na rua e os próprios moradores do condomínio. Era venda certa. Eu mesma me endividei com a Livroteca. A seção de revistinhas era o que mais chamava atenção dos pequenos, muitos deles naquela idade em que a descoberta da leitura é quase mágica.

Às famílias, cabia a missão de manter as crianças hidratadas e evitar as horas extras. Teve uma noite que a Anita voltou pra casa muito tarde, cheia de dinheiro. Depois de desmontar a banca, as crianças jantavam na casa de algum sócio-proprietário e faziam a contabilidade. Minha filha gastou tudo em sorvete.

Quando a síndica proibiu o negócio, cada um seguiu seu caminho. Os meninos perceberam seu talento pro comércio e deixaram o futebol um pouco de lado, focando mais na produção de bijuterias. Em fevereiro, na praia, juntaram tanta prata que não sabiam nem o que fazer com o montante.

Algumas meninas investiram em picolés, vendidos clandestinamente na piscina dentro de um *cooler* de uma conhecida marca de cerveja. Ana Luísa, a idealizadora do projeto, trocou suas realidades por dólares e comprou um iPod nano na viagem que fez com a família em março para os Estados Unidos. Antes que você se surpreenda com o lucro da Livroteca e peça uma auditoria, é preciso dizer: a viagem foi paga pelos pais dela.

Quando a gente fica nostálgica a respeito de algo que aconteceu há cinco anos é porque nossos filhos estão ficando adolescentes. E eles estão mesmo, por isso não brincam mais como naquela época. Que saudades.

O SURFE

LARA E ANITA TÊM POUCOS DIAS de diferença. Eu e sua mãe sempre fomos amigas, desde 2000, ano em que éramos vizinhas no Canto da Lagoa, em Florianópolis. As meninas nasceram em 2005. Nos reaproximamos muito em seus primeiros meses de vida. Eram outros tempos. Pra falar com alguém, a gente ligava pro telefone fixo da pessoa. Em nossas tardes com as bebês, a gente passeava de carrinho, fazia lanches, conversava sobre cólicas, marcas de fraldas, pomadas, testava papinhas e deixava as duas num tapete no chão mordendo e babando em brinquedos feitos para esse fim.

Quando estávamos esgotadas e querendo voltar a ter uma vida semiparecida com a que tínhamos antes de parir, escolhemos juntas uma creche. Nunca me esqueço da Adri preocupada com o ordenado das professoras: *será que o que elas ganham dá pra pagar um psiquiatra?*, perguntava.

Se nós não dávamos conta das nossas ferinhas, imagina aquelas duas mulheres com 15 exemplares da mesma idade? A gente ria para não chorar. E as duas, Anita e Lara, sempre juntas. Brincavam e brigavam. Cresciam e já se chamavam pelo nome quando a vida nos separou. Nós fomos morar em Porto Alegre e eles em São Paulo.

Muitos anos depois, perto do meio-dia, eu estava passeando na praia com meu marido e a pequena Aurora, que devia estar com um ano, quando reparei em umas meninas saindo do mar. Pareceu familiar. Estavam com suas pequenas pranchas de poliuretano. Parei para observar onde iam as jovens surfistas. Bingo! Bem próximo às dunas estava minha amiga Adri com o marido e um casal de amigos. Quase dez anos haviam se passado e ela não mudara nada. A Lara sim estava diferente, tornou-se uma menina linda e agora contava com uma miniaturinha, a irmã Mari, de cinco anos.

Como garantiram que ficariam mais tempo na praia, dei meia-volta pra chamar a Anita. Será que ela iria lembrar da amiga? Temos dezenas de fotos das duas. Quando bebê, a Lara era ruiva e tão gordinha que parecia um buda. Hoje está morena e toda elegante. Quando encontrei a Anita, expliquei o ocorrido e ela imediatamente topou caminhar na areia fofa e quente para rever a amiga.

Conscientemente não lembrava de nada, mas aceitou, decerto porque estava mesmo sem amigas na praia. Quando chegamos no guarda-sol da Adri, as duas ficaram frente a frente e arregalaram bem os olhos enquanto sorriam. Não é que estavam se reconhecendo? Mais de oito anos depois da última papinha na creche e ainda havia alguma conexão.

- Quer surfar? Minha irmã te empresta a prancha dela.

- Vamos!!

Saíram as duas rumo às marolas que quebravam na maré alta do meio-dia. Era janeiro, sem dúvidas uma das piores épocas de onda em Floripa, mas quem se importava? A Anita, que nunca tinha se interessado por pranchas, pegava um jacaré atrás do outro. Lara, mais experiente, filha de surfistas, já tentava umas manobras no *bodyboard*.

Enquanto isso, na areia, nós pusemos o papo em dia. O sol estava forte, as crianças tinham que almoçar. Era hora de ir pra casa. As amigas voltaram do mar inseparáveis. Não queriam ir embora. Para convencê-las, nos comprometemos de pegar praia juntas à tarde e nos dias seguintes. Não seria nenhum sacrifício, muito pelo contrário.

Antes mesmo do segundo encontro, Anita foi ao centrinho com o pai resolver uma questão de vida ou morte: precisava de uma prancha. Nós não somos de comprar coisas e muito menos de dar presentes, mas a ocasião pedia. A partir daquele dia, por uma semana, o alarme tocava às 8 da manhã. Nos ligávamos para saber qual seria a praia do dia. Vários dias naquela semana foram chuvosos e o que era pra ser surfe acabou virando outras brincadeiras. Estavam sempre juntas, trocando figurinhas do Carrossel, comendo bolachas recheadas escondidas e contando segredinhos.

Até hoje, no meu celular, tem um alarme chamado SURFE, que só será reativado se formos pra praia neste verão e se nossas amigas sereias paulistas estiverem na área.

A VIDA DAS CRIANÇAS HOJE EM DIA é repleta de atividades. Há a escola, os deslocamentos, a controversa vida digital - que eles amam e a gente se preocupa - e toda a sorte de situações que consomem sua energia. Não a energia física, a mental mesmo.

Quando chega o fim do ano, férias! Por mais tranquila que a escola seja, cansa, é lógico. Minhas filhas adoram fazer cara de cansadas e dizer que estão exaustas. Não tenho a menor dúvida de que estão me imitando, mas não questiono a legitimidade dos seus sentimentos.

Curiosamente, se inscrevemos nossos filhos em colônias de férias, eles ficam eufóricos. A Anita, minha mais velha, adora. Fica ansiosa, elétrica, não quer perder um segundo. Quando chega em casa à noite, tagarela sem parar, toma banho e desaba na cama. Dorme o sono das crianças cansadas.

No dia seguinte, bem cedo, pula da cama. Isso contrasta demais com a falta de animação para ir à escola. Aposto que se o conteúdo do ano fosse revisado na colônia de férias, em meio a correrias e conversas infinitas, numa gincana que incluísse conteúdo, as crianças guardariam para sempre o que aprenderam de março a dezembro.

Aulas de circo poderiam ter desafios matemáticos. A história faria parte do teatro. Estudar os músculos ou o aparelho respiratório nas atividades com muita energia me parece adequado. Entender como funciona nosso organismo correndo e sentindo na pele as alterações me parece muito mais lógico do que sentados numa carteira, em posição semiestática.

Noto que as crianças adoram aprender coisas, elas não acham chato as atividades envolverem saberes. Estão sempre perguntando. Querem entender o mundo. Faz parte da nossa natureza ser assim. O que elas não gostam mesmo é de ficar sentadas e quietas, isso não é natural.

TERROR NA PRAIA

LOUCA PARA MUDAR DE ARES COM o namorado, Macarena não pensou duas vezes antes de aceitar o convite de uns amigos para passar o final de semana no litoral. Eles moravam em São Paulo e trabalhavam em shopping. Sua vida vinha se resumindo a acordar, pegar trânsito e entrar naquele bloco gigante de concreto até o dia escurecer.

Quem trabalha em shopping não faz a menor ideia do que acontece lá fora. Se está chovendo, se anoiteceu, se teve arco-íris ou se o mundo está prestes a acabar. A pessoa vai virando um robô, apático, que pensa em planilhas, metas, vendas e calendário comercial. Dia das Mães é bom, Dia dos Namorados e o melhor de todos, Natal.

Era outubro, um mês bem sem graça. A não ser que você more em Blumenau e venda cerveja, este mês nada tem de especial para quem é do comércio. Assim, não tinha por que dizer não ao convite. Seu namorado Rodolfo estava louco para surfar e ela queria mesmo era tirar o mofo. Voltar vermelha do sol, sentir a pele arder, pisar na areia e ser feliz.

A casa ficava numa praia quase deserta, em Bertioga-SP. Na rua de terra, recém-aberta, apenas duas pequenas casas. A que eles estavam, com dois quartos, e outra, em construção, com aspecto de abandono. Bem em frente ao quarto de Macarena, dava pra ver os buracos das futuras janelas de um possível futuro vizinho.

No quarto deles dormiriam o casal mais um casal de primos dela. No outro quarto, os dois guris, donos da casa. O namorado da sua prima roncava muito. Tanto que, na primeira noite, Macarena se irritou e foi dormir no carro, estacionado na garagem. O clima estava bom, ela não passou frio e conseguiu ao menos descansar um pouco.

Depois de um dia de praia, que estava bem deserta, o pessoal decidiu fazer um churrasco. Um dos proprietários contou a eles uma história muito macabra. Disse que no meio do inverno, certa noite, estavam com seus pais naquela mesma casa quando ouviram palmas. O pai deles abriu a porta e lá estava um cara bem estranho e esfarrapado pedindo comida. O pai foi até a cozinha fazer um prato para o homem. Quando voltou, olhou por todo lado e nem rastro de tal criatura.

O churrasco seguiu com muitas histórias assustadoras. Já era perto da meia-noite quando foram para frente de casa ver o céu. Havia uma vela no buraco da janela da casa em construção. Ficaram petrificados de medo. Os guris da casa, mais familiarizados com a região, encheram-se de coragem e foram lá ver se havia algo errado. Ninguém ali nunca havia sentido tanto medo na vida.

Não encontrando nada, os meninos voltaram e disseram que alguém deveria ter acendido aquelas velas e ido embora. Tentaram tranquilizar o pessoal. Macarena não se conformava do perigo que tinha passado na noite anterior. Ela tinha dormido sozinha lá fora. Felizmente nada acontecera. Mas, naquela noite, nem que todos roncassem como motosserras, não botaria o nariz pra fora sozinha.

Pra piorar, ouvia-se um barulho muito estranho, vozes e o som de correntes arrastando pelo chão. Ficaram todos no mesmo quarto, tremendo de medo a noite inteira. Macarena estivera tão encolhida que até seus dedos doíam. Os quatro convidados esperaram amanhecer para pegar o carro e ir embora. Mal se despediram dos donos da casa. Estavam muito assustados. Não conseguiam tirar aquelas almas penadas da cabeça.

Durante quatro meses Macarena e Rodolfo rezaram fervorosamente. Frequentaram a igreja duas vezes por semana. Estavam com medo do escuro, de sair na rua à noite, passar na frente de cemitério. Ainda bem que "*ave maria, cheia de graça, o senhor...*". Não raro passavam o dia inteiro rezando. Só assim para se proteger do ocorrido.

O desfecho dessa história veio com um convite. Um dos donos da casa estava de aniversário e chamou-lhes para a festa. Na cidade mesmo. Na praia, não pretendiam nunca mais botar os pés. Aceitaram imaginando que a distância e a presença dos pais ajudaria a diminuir a esquisitice do que tinham vivido no litoral.

Quando o assunto veio à tona, os dois meninos não paravam de rir. Confessaram que tudo tinha sido uma brincadeira. Eles acenderam as velas e colocaram uma fita com aqueles sons no carro, estacionado na garagem. Seu intuito não era deixar todos em pânico, mas a brincadeira funcionara tão bem que eles não viram como parar. Macarena e Rodolfo ficaram sem reação. Pegaram suas coisas e foram embora. Nunca mais falaram com aqueles amigos da onça. Nem tampouco foram à igreja. Por isso, acredite na sua mãe e no seu pai quando eles dizem que você precisa escolher bem as suas amizades.

A MELHOR ÉPOCA DO ANO, (OM ALGUMAS RESSALVAS

ANITA PIANGERS

MEU NOME é anita e eu tenho 11 anos. Eu adoro férias porque não tenho que ir pra aula. Eu gosto mesmo é de ficar no sofá vendo tevê, mas os meus pais me arrastam pra tudo que é lugar. Sempre estão querendo viajar. Minha mãe não para quieta.

Viajar, pra mim, só é bom se for pra encontrar minhas primas. Eu tenho uma prima que é exatamente da minha idade em Curitiba. Quem tem uma irmã SETE anos mais nova, vai entender por que eu gosto tanto de encontrar alguém da MINHA idade.

Quando eu penso em férias, logo me vem à cabeça um tempo bem de antigamente, que eu era pequena (não que agora não seja) e ficava largadona vendo filmes. De vez em quando descia para brincar com o pessoal do prédio, de caça-bandeira ou algo do tipo.

No momento, estou de castigo e não posso ficar vendo televisão. E ainda tem o fato que a Lola é a dona do controle remoto. Eu estou sem YouTube e mais ou menos com Netflix. Só vejo os desenhos que ela quer, mas estou sobrevivendo.

Não gosto muito de calor, praia, verão, areia. Minha pele coça muito. Acho que tenho alergia ao calor. E aos mosquitos também, que se multiplicam aqui em casa quando está quente. Prefiro o frio. Dá pra usar pijama por baixo da roupa. O inverno só perde para o verão por uma coisa: as férias de inverno duram só uma semana.

EPÍLOGO

O EXPERIMENTO DO AFETO

ANTES QUE O ANO ACABE, SEMPRE É BOM reservar algum tempo para refletir sobre erros e acertos. Sobre os eventos mais marcantes, não aqueles do calendário, mas as situações mais felizes ou tristes e todos os sentimentos que elas nos desencadearam. Uma noite sem dormir por causa de uma briga ou um dia que choramos de tanto rir. O que nos levou a isso?

A gente não quer uma vida tensa, cheia de confusões, mal-entendidos e desavenças. Falo por mim, lógico, mas nunca encontrei uma pessoa que goste conscientemente de treta na sua vida. Se a gente parar para pensar, consegue identificar palavras e situações que nos tiram do nosso estado de equilíbrio.

São os gatilhos. Às vezes, uma simples palavra, um lugar ou um cheiro é capaz de nos deixar muito mal. Cada pessoa sabe (ou deveria saber) mais ou menos quais são as suas. Nosso cérebro faz associações e a gente sofre. Quando convivemos com outras pessoas, saber quais são os assuntos que levam alguém a este estado é quase fundamental para ter alguma harmonia numa relação.

Perceber o outro. Perceber a si mesmo. Respeitar o outro. Respeitar a si mesmo. Como colocar isso em prática? Outro dia, encontrei na casa de uns amigos dois copinhos plásticos com plantas dentro. Eram mudas de feijão, plantadas em algodões. Quem nunca fez isso em casa? Eu, com duas filhas, já devo ter plantado uma dúzia de feijões assim.

Esses potes, no entanto, tinham uma diferença. Em um deles havia um coração desenhado no copo, com caneta vermelha. No outro, nada. Meu amigo explicou que elogiava e conversava sistematicamente com a planta do coração e apenas ignorava a outra. Ao contrário do que eu pensei, o experimento não era te amo/te odeio; era apenas me importo/te ignoro. Não preciso nem dizer que a planta do coração estava bem maior e mais bonita, certo? Ele me garantiu que ambas recebiam a mesma quantidade de água e sol.

Eu já tinha lido sobre um experimento com arroz cozido na internet. Nesse caso, eram dois vidros. Um amado, outro odiado. O amado não estragava nunca, o odiado apodrecia embolorado. Nem tudo que a gente lê na internet é verdade. O arroz não mexeu muito comigo. No entanto, aqueles feijões - na minha frente - me deram um estalo: se isso acontece com as plantas, o que dizer das pessoas?

Pensei imediatamente na minha filha maior que está entrando na pré-adolescência e com quem eu tenho longas discussões. Será que estou tomando o cuidado devido com as palavras e os afetos na hora de corrigir e ensinar? Lembrei também de pessoas e situações que me incomodam (quando me sinto o feijão ignorado ou o arroz odiado) e como venho evitando sair da minha bolha de amigos mais próximos nos últimos tempos.

Pode parecer uma bobagem, mas antes que o ano acabe, faça o experimento e tire suas próprias conclusões.

www.belasletras.com.br